Diogenes Taschenbuch 24726

AF204964

DORIS DÖRRIE, geboren in Hannover, studierte Theater und Schauspiel in Kalifornien und in New York, entschloss sich dann aber, lieber Regie zu führen. Parallel zu ihrer Filmarbeit (u. a. *Männer, Mitten ins Herz, Kirschblüten – Hanami*) veröffentlichte sie Kurzgeschichten, Romane, ein Buch über das Schreiben *(Leben, schreiben, atmen)* und Kinderbücher. Sie leitet den Lehrstuhl ›Creative Writing‹ an der Filmhochschule München und gibt immer wieder Schreibworkshops. Sie lebt in München.

Doris Dörrie

Die Heldin reist

Diogenes

Veröffentlicht als Diogenes Taschenbuch, 2024
Alle Rechte vorbehalten
Copyright © 2022
Diogenes Verlag AG Zürich
www.diogenes.ch
30/24/852/3
ISBN 978 3 257 24726 8

I

San Francisco

Im Jahr 2019 bin ich in die USA, nach Japan und Marokko gereist. Niemals hätte ich mir vorstellen können, dass es für längere Zeit die letzten Reisen gewesen sein sollten. Noch hatte niemand vom Coronavirus gehört. Noch war George Floyd am Leben. Noch schien mein Leben ganz so zu sein wie in all den Jahren zuvor: fast immer unterwegs, selten mehr als drei Monate zu Hause.

Ich flog nach San Francisco zu einem Filmfestival und freute mich auf diese kurze Reise, ein kleines Abenteuer. Unterwegs zu sein war mein Idealzustand, unterwegs fühlte ich mich von mir selbst befreit, und gleichzeitig träumte ich unbeirrt weiter davon, in der Fremde eine andere, bessere Version meiner selbst zu werden. Der deutsche Traum der Bildungsreise. Meine Eltern waren schon reisesüchtig, was eng mit ihren Erfahrungen in Nazideutschland verknüpft war. Uns wurde früh beigebracht, dass Reisen nicht nur Spaß macht, sondern fast eine Verpflichtung ist, um den eigenen Horizont zu erweitern. Als Kinder waren wir dazu nur bedingt bereit. Meine Schwestern und ich fürchteten die endlosen Autofahrten zu viert auf dem Rücksitz, bei denen wir zum Schutz vor der brennenden Sonne Tücher vor die Scheiben hängten und rein gar nichts von der Umgebung sahen. Meine Mutter rief immer wieder: Schaut doch mal aus dem Fenster, wie schön es hier ist! Aber wir starrten lieber auf unsere nackten Knie, während wir uns in engen Serpentinen über die Alpenpässe quälten. Regelmäßig wurde uns schlecht, und meine Mutter reichte uns Plastikbeutel nach hinten, in die wir den blassrosa, lauwarmen Malventee spien, den es nur auf diesen Autoreisen gab. Wenn wir stritten, schüttelte mein Vater eine Flasche Selterswasser und hielt sie, ohne den Blick von der Straße zu wenden, nach hinten, um unsere Mütchen zu kühlen. Dass wir endlich Italien erreicht hatten, merkten wir daran, dass es heiß wurde und unsere Schenkel unangenehm aneinanderklebten. Wir stritten nun absichtlich, um eine kleine Seltersdusche abzubekommen, aber da gab es meist keinen Nachschub mehr. Wenn wir Glück hatten, hielten wir an einer Tankstelle mit dem Logo eines sechsbeinigen Hundes, der Feuer spuckte, und taumelten in einen Traum von Raststätte, in der es frische Pizza gab und rabenschwarzen Espresso für die Eltern, die auf einmal ganz verwandelt schienen, leichtfüßiger, lustiger, fast schon verwegen – und mit einem Schlag waren alle Reisequalen vergessen, und unser Horizont fühlte sich bereits enorm weit an. Wie konnte man nur darauf verzichten? Wer nicht reise, galt als engstirnig und wunderlich – denn wer wollte nicht so oft wie möglich aus Hannover herauskommen?

Mein Wunsch, in den USA zu studieren, wurde wahrscheinlich auch deshalb von den Eltern unterstützt, und so brach ich vor fast einem halben Jahrhundert allein nach San Francisco auf. Ich sprach schlecht Englisch und kannte dort niemanden, aber wie in dem Märchen von einem, der auszog, das Fürchten zu lernen, hatte ich vor nichts Angst. Die ganze Welt schien mir ein aufregender, aber prinzipiell freundlich zugewandter Ort zu sein, den ich nun zu durchwandern hatte, um zu lernen und zu wachsen. Die Vorstellung von Wanderschaft und Wanderjahren kannte ich aus der Literatur, aus Liedern und Gedichten. Mich faszinierten die Wandergesellen, die mindestens drei Jahre lang fern der Heimat unterwegs waren und als *Fremdgeschriebene* bezeichnet wurden, wildromantische Gestalten in ihrer schwarzen Kluft, den Hosen mit Schlag, manche trugen einen Ohrring und als Zeichen des freien Mannes – natürlich waren es immer nur

Männer – Zylinder, Schlapphut oder Melone, was zuvor nur dem Adel vorbehalten gewesen war. Sie wirkten wie eine Mischung aus Rockstar und Hippie, ultracool. Meine Reise nach Kalifornien fühlte sich auch ein wenig an, als würde ich auf die Walz gehen. Nur eben als junge Frau, ganz allein, was in meiner direkten Umgebung damals doch etwas ungewöhnlich war. Warum hatte ich überhaupt keine Angst? Meine Neugier auf neue Erfahrungen war so groß, dass ich dafür keine Zeit hatte, vielleicht fehlte mir auch einfach die Fantasie. Außerdem war ich in dem Glauben erzogen worden, Männern vollkommen gleichgestellt zu sein, was ich lange nicht im Geringsten anzweifelte.

In vielen Geschichten ist Angst der Treibstoff, der Motor, und wir wissen ganz genau, dass der Protagonist am Ende lernen wird, seine Angst zu überwinden. Der Held muss sich dem Drachen stellen, den Kampf mit ihm wagen, den eigenen Tod riskieren, eine tiefe Verwandlung erfahren, um siegreich und belohnt nach Hause zurückzukehren. In San Francisco gründete George Lucas in den Sechzigerjahren seine Firma Industrial Light & Magic und brachte mit dem *Star-Wars*-Epos die Dramaturgie der sogenannten »Heldenreise« in die Welt, die seitdem als Blaupause jedem Blockbuster zugrunde liegt. Wir lieben dieses Muster offenbar, denn sonst wäre es nicht so erfolgreich. Der (zukünftige) Held, oft schwach und blass, ein Schisser, Muttersöhnchen, Versager, muss aus dem Haus, raus aus der gemütlich miefigen Wohnküche, rein ins Abenteuer. Das kann auf vielfältigste Art und Weise geschehen: durch ein Missgeschick, etwa von einer radioaktiven Spinne gebissen zu werden, durch Eltern, die einen im Wald aussetzen, durch eine miese Prophezeiung, die man mit sich herumschleppt, durch eine Kündigung, eine Hausräumung, einen Umzug oder durch schiere Wanderlust. Egal wie, der Held muss aufbrechen, denn wenn er diesen Aufruf zum Abenteuer ausschlägt, bleibt er für immer ein Waschlappen, Trottel und Weichei – und es gibt keine Geschichte. Wer sich nicht fürchtet, hat einfach bisher noch nichts kennengelernt, vor dem er sich fürchten müsste, er stolpert ungeschützt ins Abenteuer. Der Furchtsame aber legt seine teure, tolle Funktionsrüstung an, die jedoch später garantiert eine Schwachstelle aufweisen wird (wie das Lindenblatt zwischen Siegfrieds Schulterblättern, der doch extra in Drachenblut gebadet hatte). Gerüstet oder nicht, auf dem Weg ins Abenteuer muss der Held die Schwelle in ein fremdes und gefährliches Land überschreiten, vorbei an strengen Schwellenwärtern, die manchmal aussehen wie der Türsteher vom Berghain, manchmal aber auch klein, dünn und unerbittlich wie die Dame hinter einem Lufthansa-Schalter. Wenn der Held die Schwelle überschritten hat, gibt es kein Zurück mehr. Im fremden Land gelten die ihm bekannten Regeln nicht mehr, er versteht kein Wort, man isst eklige Dinge, es ist entweder zu heiß oder zu kalt, der Boden unter seinen Füßen beginnt zu schwanken. Dubiose Gestalten bieten ihre Hilfe an, Widersacher belästigen ihn, manchmal findet er Rat bei einer weisen Frau, manchmal sogar treue Begleiter, die aber ihre eigenen Probleme mit sich bringen, er übersteht eine Prüfung nach der anderen, bis er auf dem Höhepunkt dem Drachen gegenübersteht, seinem schlimmsten Feind und seiner größten Angst. Es wird dunkel um ihn, er stürzt in die tiefe Nacht der Seele, aber er darf jetzt nicht umkehren, nicht davonlaufen. Natürlich gewinnt er den Kampf, weil er muss – sonst wäre er kein Held. Lädiert, aber triumphierend kehrt er heim, bekommt die Frau, das Haus und das Auto und befreit auch noch gleich die daheimgebliebenen Jammerlappen. So ähnlich läuft es in allen erfolgreichen Geschichten der Welt ab, analysierte der amerikanische Mythenforscher Joseph Campbell in den Sechzigerjahren und nannte das den Monomythos des Helden. Selbst Buddha und Jesus folgen diesem Muster, minus Haus, Auto und Frau.

Der Held muss also aus dem Haus, um ein Held zu werden. Und die Heldin? Sie ist gar keine Heldin, sondern die Frau des Helden, sie bleibt, wo sie ist, und beschützt das Haus. Sie ist die Hausfrau, die Frau im Haus. Sie muss auch deshalb dableiben, damit jemand zu Hause ist, wenn der siegreiche Held zurückkehrt. Sie darf nicht ausziehen, um das Fürchten zu lernen, aber das muss sie auch gar nicht, denn sie hat ja sowieso permanent Angst. Sie macht sich ständig Sorgen, am meisten um den Helden. Der Held wiederum macht sich keine um sie, denn er kann sich darauf verlassen, dass sie geduldig auf seine Rückkehr wartet und in seiner Abwesenheit kratzige Pullover webt. Den dramatischen Monomythos gibt es für die Heldin historisch betrachtet nicht (es sei denn, man steckt sie als männliche Fantasie in ein hautenges Lederkorsett und lässt sie mit riesigen Waffen hantieren). Die Geschichte der Heldin besteht eher aus einer Abfolge von Episoden ohne vorhersehbare Dramaturgie, ohne Action und Geballere, ohne Rettungsfantasie und Showdown. Aber ist es dann überhaupt eine Geschichte? Oder muss sie dafür das Haus verlassen? Die Theorie besagt, dass jede Reise unweigerlich den Stationen der Heldenreise folgt und Konflikte deshalb unausweichlich sind. Das heißt, wenn die Heldin das Haus verlässt und reist, bekommt sie auf jeden Fall Ärger – und damit eine Geschichte.

Da ich keinen Ärger haben möchte, schreibe ich auf das Einreiseformular für die USA unter Berufsbezeichnung immer: Hausfrau. Das wirkt auf die meist schlecht gelaunten *immigration officers* ungemein beruhigend. Eine Hausfrau wird aller Voraussicht nach nicht ihr Rückreiseticket gegen Drogen eintauschen oder illegal einen Alligator erlegen und im Koffer zurückschmuggeln – was vielleicht eine gute Geschichte wäre –, nein, eine Hausfrau macht keine Geschichten. Mit meiner falschen Angabe verrate ich zwar alle Hausfrauen dieser Welt, und mich selbst obendrein, dennoch klopft mein Herz an der mythischen Schwelle mit ihren schwarz uniformierten Schwellenwärtern.

Damals, bei meiner ersten Reise in die USA in den Siebzigern, sollte ich auf dem Einreiseformular meine *race* angeben. Ich war empört und verstand das Wort *caucasian* auch gar nicht. Hatten wir nicht in Deutschland gerade mühsam gelernt, dass es keine Rassen gibt, und Farbenblindheit eingeübt, um nicht als rassistisch zu gelten (was wir natürlich weiterhin waren)? Mehr als fünfundvierzig Jahre später wird *race* auf dem Einreiseformular nicht mehr abgefragt. Wenigstens das. *Welcome to Ame-*

rica, lächelt die Immigrationsbeamtin und stempelt den Pass der reisenden Hausfrau ab. Auf mein Formular schaut sie gar nicht, anscheinend interessiert sie noch nicht mal, ob die Hausfrau angekreuzt hat, dass sie mit einem Maschinengewehr einreist.

Meine Abholung wartet bereits auf mich, Vince, ein magerer Mann in schlottrigen Jeans, der als Freiwilliger für das Festival arbeitet, seit er in Rente ist. Er packt mich in seinen zerbeulten Honda und schimpft gleich mal auf die Europäer, diese Waschlappen, die ohne die USA gar nicht imstande wären zu überleben. Zu feige für jeden Krieg, in Bosnien habt ihr zugeschaut, wie die Menschen abgeschlachtet wurden. In der Ukraine zieht ihr den Schwanz ein, andere sollen ständig für euch die Waffel aus dem Feuer holen. Die Waffel?, frage ich. Auf Deutsch sind es die Kastanien, die man aus dem Feuer holt.

Und dann auch noch immer recht haben wollen, grantelt Vince.

Die Sonne geht eilig in einem Farbfeuerwerk unter, wie sie das hier so macht. Ich erinnere mich an das Licht, dieses kristallklare Licht, das alles erscheinen lässt wie ausgeschnitten. Wie sehr habe ich, als ich zum ersten Mal hierherkam, über das Licht gestaunt, das dieses ganze Amerika aussehen ließ wie ein Plattencover. Was für ein himmelweiter

Unterschied zum grau verhangenen Hannover, wo man die meiste Zeit des Jahres wie hinter einer Milchglasscheibe verbrachte. Unablässig rieb ich mir hier die Augen. Selbst auf meinen Schecks der *Bank of America* prangte ein glühender Sonnenuntergang.

Mit vierzehn ist Vince ganz allein aus Sizilien eingewandert, erzählt er. Ich sage nicht, dass er doch eigentlich auch Europäer ist. Hat sich mit Jobs durchgeschlagen, dann vierzig Jahre lang beim Finanzamt als Steuerprüfer gearbeitet. Es ödet ihn an, dass die großen Firmen keine Steuern zahlen und die jungen Techies mit ihren gigantischen Einkommen San Francisco übernommen haben.

Sie nehmen mir die Stadt weg. Nichts kann man sich mehr leisten. Mit 80000 Dollar Jahreseinkommen giltst du jetzt offiziell als arm. Ich habe nie mehr als 72000 verdient. Ist doch scheiße, oder? Was sagen Sie? Ja, murmele ich, ist scheiße.

Und die ganzen Obdachlosen in der Stadt, überall nur noch Obdachlose. Am Wochenende fahre ich an den Strand und hole große Steine, die lege ich auf den Bürgersteig vor meiner Wohnung, damit sie dort nicht mehr rumsitzen können. Im Januar muss ich raus aus meiner Zweizimmerwohnung, die hat so ein Silicon-Valley-Affe für 1,8 Millionen Dollar gekauft, der ist erst 25 Jahre alt. Jetzt sitze ich selbst bald auf der Straße, vor meiner eigenen Wohnung, aber nirgendwo kann ich mich hinsetzen, denn *shit,* da sind ja die Steine!

Er lacht röhrend. Seine Zähne sind nicht in bestem Zustand. Auf der klassischen Heldenreise wäre Vince die ideale Besetzung für den lustigen, aber nicht ganz zuverlässigen Begleiter im fremden Land, der im entscheidenden Augenblick vielleicht doch die Beine in die Hand nimmt. Die Dunkelheit fällt dramatisch wie ein Vorhang nach einer kurzen Dämmerung. Die Dinge verändern sich rasant und ohne lange Vorankündigung. Auch daran musste ich mich damals gewöhnen. Ich war so langsam, so umständlich, so deutsch.

Wir fahren über die Golden Gate Bridge, die jetzt sieben Dollar Maut kostet. Vince setzt mich vor einem Motel direkt am Highway ab. Keine Kneipe, kein Restaurant in Sicht.

Wo bekomme ich jetzt noch was zu essen?

Tja, sagt Vince, am besten im Traum, da können Sie bestellen, was Sie wollen und es ist auch noch günstig.

Er lacht röhrend und düst davon. Ein Rücklicht ist kaputt. Natürlich. Das leicht Verlotterte, Kaputte gehört zu seinem Archetypus unbedingt dazu, im Film würde die Requisite dafür extra und kunstvoll sein Rücklicht zerstören.

Die verschlafene Rezeptionistin findet meinen Namen in den Reservierungen nicht. Auch das sollte mich nicht weiter überraschen. Gehört zum Standardprogramm der Heldenreise: Hat der Held die Schwelle überschritten, lauern überall Unbill, Ärger und Gefahren, er ist ein Fremder und wird nicht mehr erkannt. Nicht mehr gesehen. Gehört nicht mehr dazu. Erst als ich meinen Namen auf die falscheste Art, die mir einfällt, buchstabiere, tauche ich im System auf. Sie gibt mir die Zimmerkarte und informiert mich gähnend, dass das WLAN wegen der Waldbrände nicht funktioniert, *sorry,* die Telefongesellschaft hat das Netz vorsichtshalber gekappt. Ja klar, Waldbrand. Abgeschnitten von der Welt. Wenn man das heldische Erzählprogramm begriffen hat, ergibt alles einen Sinn. Die Prüfungen beginnen. Ich ziehe meinen Koffer durch endlose Flure, mein Zimmer liegt am hintersten Ende, es riecht nach Desinfektionsmittel, ein Geruch, der für mich immer mit den USA verbunden war, bevor wir dann in der Pandemie alle anfingen, uns ständig die Hände zu desinfizieren. Das Zimmer riecht muffig, ich reiße die doppelt gesicherten Fenster zu einem riesigen, leeren Parkplatz auf, falle ins Bett, zerre die festgesteckte Decke von meinen Füßen. Nie habe ich verstanden, wie man so schlafen kann, ohne sich die Füße zu brechen. Im Halbschlaf fällt mir ein, dass ich Angst haben sollte, weil ich in den USA bin. Ich wühle mich aus dem Bett, schließe die Fenster wieder.

Meine deutsche Furchtlosigkeit oder grenzenlose Naivität erstaunte und bestürzte meine Mitstudierenden damals, sie bemühten sich, mir Angst beizubringen wie eine neue Sprache: Sieh dich immer um, ob dir jemand folgt. Auch im Supermarkt. Hab besonders Angst vor jungen Schwarzen Männern. Halte nie allein im Auto auf einem Parkplatz. Schließ die Tür mehrmals hinter dir ab. Geh nie allein in ein fremdes Haus, durch unbekannte Stadtviertel, am besten gar nicht zu Fuß, dein Auto ist der sicherste Ort. (Ich hatte gar kein Auto.) Verriegele immer dein Auto von innen. Schau an einer roten Ampel nicht zum Fahrer im Nachbarauto, er könnte es für eine Aufforderung halten.

Fürchte dich! Immer und überall!

Ich kann nicht mehr schlafen. Fühle mich allein. Im Film ist ein Mann allein in einem Hotelzimmer immer romantisch. Eine Frau nie. Dem Mann fehlt nichts, der Frau alles. Der Mann ruht sich nur kurz aus vom Abenteuer, bevor er wieder loszieht, der Frau droht tiefe Einsamkeit wie eine Strafe. Im Fernseher wird auf allen Kanälen geschossen, ich zähle achtundzwanzig Leichen in zwölf Minuten.

Am nächsten Morgen sitze ich an einem türkisblauen Swimmingpool inmitten von Beton, umgeben von hohen Maschendrahtzäunen wie in einem Gefängnis, aber da ist es wieder, das gleißende Licht Kaliforniens, wie eine ständige Erpressung: *Cheer up!* Lächle, lächle, denk positiv, und fürchte nichts! Das ist die Rüstung, die hier jeder trägt. Jeden Tag wieder zieht man damit in die Schlacht und zeigt sich lächelnd und tapfer. Ich habe damals schnell gelernt, die amerikanische Rüstung anzulegen, aber ich fühlte mich durch sie erdrückt und kam mir oft verlogen vor. Warum sollte ich so tun, als wäre alles *just great,* wenn es doch gar nicht stimmte? Warum behaupten, es ginge mir *fine, just fine,* wenn mir hundsmiserabel zumute war? Manchmal jedoch half die Zwangslüge, die gegenseitige Verpflichtung, so gut es geht, glücklich zu erscheinen, denn da nicht nur das Sein, sondern auch der Schein das Bewusstsein bestimmt, fühlte ich mich manchmal tatsächlich besser, wenn ich nur oft genug gelächelt hatte und angelächelt worden war und immer wieder laut gerufen hatte: *I am fine, just fine!* Man konnte anscheinend beschließen, *happy* zu sein. Kein besonders deutsches Konzept.

Der klassische amerikanische Held ist Optimist. Er lässt sich nicht unterkriegen, er gibt nie auf, unbeirrt folgt er seinem Traum. Während er durchs Unterholz stapft auf der Suche nach dem Drachen, bangt die Frau daheim. Sie hat keinen Traum, den sie von sich aus und allein verfolgen könnte, sie wartet auf die Rückkehr des Helden und ist, bei den vielen Sorgen, die sie sich macht, eher Pessimistin. Die Hüterin des Konjunktivs. Hätte, würde, könnte. Er könnte sich das Bein brechen, vergessen, dass er auf Erdnüsse allergisch ist, die falsche Waffe mitnehmen, die Rüstung verkehrt herum anziehen – es gibt so vieles, was schiefgehen könnte. Aber nur, wenn ordentlich viel schiefgeht, sind wir, die dem Helden dabei zuschauen, wie er zum Helden wird, zufrieden und fühlen uns unterhalten. Sein Schlamassel ist unser Vergnügen. Würde bei einer Heldin ähnlich viel schiefgehen, oder wäre sie umsichtiger, vorsichtiger, klüger – und damit automatisch weniger unterhaltsam? Oder ist einfach mehr Fantasie gefragt, um die Heldin in Schwierigkeiten zu bringen, weil sie so gut vorgesorgt und die Zeckenkarte, den Verbandskasten, Proviant und ein Solaraufladegerät fürs Handy eingesteckt und die App für giftige Pflanzen und gefährliche Tiere geladen hat, bevor sie in den Dschungel gezogen ist? Und dann doch vernünftigerweise umkehrt, wenn es ihr idiotisch gefährlich erscheint? Oder ist das nur ein weiteres Klischee von Weiblichkeit?

Als ich vor die Tür trete, steht dort schon Vince und pflaumt mich an, ich sei doch schließlich Deutsche, warum also, verdammt noch mal, nicht auf die Minute pünktlich? Er fährt mich zum Kino des Festivals, ich lade ihn zur Vorstellung meines Films *Kirschblüten und Dämonen* ein.

Ich weiß nicht, sagt er, so'n europäischer Film, da passiert immer nix, und alle reden so viel.

Doch, doch, da passiert viel, verspreche ich.

Dämonen hab ich selbst genug, grummelt er, willigt aber ein zu kommen.

Den Film haben wir in Bayern und Japan gedreht. Er ist die Fortsetzung von *Kirschblüten Hanami,* der die Geschichte von Rudi Angermeier erzählte, der kurz vor seiner Pensionierung seine Frau verliert. In seiner Trauer flieht er zu seinem Sohn Karl nach Tokio, der ebenfalls tief getroffen ist vom Verlust der Mutter, aber keine Zeit für den Vater hat. Es ist die Zeit der Kirschblüte, und in einem Park lernt Rudi eine junge Tänzerin kennen, die seinen Schmerz erkennt und sich um ihn kümmert wie keines seiner Kinder. Sie bringt Rudi dazu, sich auf die Spurensuche nach seiner Frau zu begeben, die selbst einmal Tänzerin werden wollte, aber ihren Traum für ihre Familie begraben hatte. Rudi wird zum Helden, weil er nicht nur seinen Blick auf seine Frau verändert, sondern auch sich selbst. Ein grantiger, festgefahrener, konservativer Bayer öffnet sich zusehends, wird verletzlich und weich und tanzt sogar am Ende unbeholfen, aber dafür rührend vor dem Berg Fuji für seine verstorbene Frau. Ganz gleich, wo der Film auf der Welt gezeigt wurde, überall ging an dieser Stelle ein Seufzen durchs Kino, und die Taschentücher wurden gezückt. Es ist ein Augenblick, der die ganzen Mühen des Filmemachens lohnt, denn es gibt in ihm eine tiefe Verbindung zwischen Rudi Angermeier, dem Publikum und unserem miesen kleinen Schicksal.

Diese seltsame Kraft, die sich aller Kontrolle entzieht, war schon beim Drehen der Szene zu spüren. Der Fuji strahlte überirdisch, es war noch kalt am frühen Morgen, die Luft kristallklar, und als Elmar Wepper als Rudi tanzte, fing das japanische Team an zu weinen.

Die Fortsetzung *Kirschblüten und Dämonen* nun dreht sich um den Sohn Karl. Er hat den Verlust der Mutter nicht verkraftet, der er besonders nahestand und die seine Empfindsamkeit geschätzt hat, ganz anders als der Vater. Selbst als Tote ist sie noch ganz bei ihm, er kann sie nicht gehen lassen.

Verzweifelt ringt er mit seiner Identität, auch seiner sexuellen. Im Lauf der Geschichte wird auch Karl zum Helden – sonst wäre es keine Geschichte und er nicht ihr Protagonist. Zögerlich begibt er sich immer mehr in eine offene, weniger festgelegte Identität, macht sich ebenfalls verletzlich, was für eine männliche Hauptfigur fast immer eine tiefgreifende Veränderung bedeutet. Für eine weibliche eher nicht, da das Genderklischee sie meist sowieso als verletzlich und ständig verletzt erzählt. Müssen wir also, um zu Heldinnen zu werden, den umgekehrten Weg gehen? Von Penelope zu Lara Croft, zu Superwoman und Black Widow? Dafür gibt es inzwischen reichlich Beispiele. Aber ist das wirklich erstrebenswert? Oder sollten wir lieber ganz aus dem Monomythos der Heldenreise aussteigen? Aber wie erzählen wir dann noch eine Geschichte?

Ich sehe meinem Hauptdarsteller Golo Euler in der Rolle von Karl zu, wie ihm in der letzten Einstellung des Films Tränen in die Augen steigen und er ganz durchsichtig, ganz zart erscheint, und jedes Mal muss ich schlucken, weil ich mit ihm fühle, obwohl ich doch selbst die Szene geschrieben habe und weiß, dass er spielt. Aber wie dankbar unser Hirn auf die Illusion reagiert und sie für bare

Münze halten möchte. Wir scheinen programmiert zu sein auf Geschichten. Ich erinnere mich, wie ich für meine kleine Tochter als TV-Ersatz ein Schattentheater aus einer Obstkiste und Pergamentpapier bastelte, mit ihr zusammen einen Wal ausschnitt, der auf ihren Wunsch alles verschlingen sollte, aber kaum trat er als Schatten hinter dem Pergamentpapier auf, wurde er so real, dass sie in Tränen ausbrach. Und dennoch wollte sie ihm unbedingt weiter zuschauen. Wir sind süchtig nach der Story, der Erzählung, dem Narrativ und ziehen sie nicht nur der realen Welt vor, sondern verwandeln diese, wann immer es geht, in Fiktion.

Die Schlusstitel laufen, noch ist unklar, wie der Film angekommen ist, mein Herz schlägt schneller, wie immer meldet sich die Angst, abgelehnt, ausgebuht, sogar gehasst zu werden. Die Verletzungsgefahr ist hoch. Miese Kritiken, ausbleibendes Publikum, negative Reaktionen verkrafte ich nur schwer und leide lange. Jedes Mal wieder der freie Fall – warum eigentlich? Als ich mit zwanzig meinem Vater meinen Berufswunsch mitteilte, schüttelte er mitleidig den Kopf und fragte: Warum willst du dich ein Leben lang von der Meinung anderer abhängig machen?

An diesem Abend kommt der Film gut an, aber in der anschließenden Diskussion beklagt sich eine

Zuschauerin, deren Hautfarbe ich nicht erkennen kann, dass der Film sehr weiß besetzt sei, bis auf die eher kleine Rolle der Frau vom Jugendamt.

Bayern ist auf dem Land einfach sehr weiß, wende ich ein. Wenn ich dort Diversität behaupte, entspricht das nicht der Wahrheit.

Aber müsse man nicht im Film gerade deshalb divers erzählen, fragt die Zuschauerin, um so die Realität zu zwingen, sich zu verändern?

Unbedingt, stimme ich zu, aber in manchen Geschichten wirkt das unglaubwürdig.

Aber ist nicht sowieso alles Fiktion?, fragt sie.

Höflich werden wir von einer jungen afroamerikanischen Platzanweiserin aus dem Saal gescheucht. Bald soll der nächste Film beginnen, und wir haben bereits zehn Minuten überzogen. Ich bedanke mich bei ihr für ihre Geduld und lege ihr dabei die Hand auf die Schulter, die sie ruhig liegen lässt und betrachtet, bis ich sie wieder wegnehme. Meine Freundin Lille, die neben mir gestanden hat, sagt danach zu mir: Du weißt schon, dass dein Schultertätscheln eben rassistisch war und du damit ein Machtverhältnis ausgedrückt hast, oder?

Wieso?

Ganz einfach: Der, der die Macht hat, fasst den an, der sie nicht hat.

Quatsch, sage ich, so war das doch nicht gemeint.

Vielleicht nicht so gemeint, es ist aber einfach so, sagt Lille. Es verletzt.

Aber das war doch nicht absichtlich. Ist die Absicht nicht entscheidend?

Was ändert die Absicht denn an der Verletzung?

Es macht doch einen Unterschied, ob mich jemand mit Vorsatz verletzt oder aus Versehen, rege ich mich auf.

Und sie soll jetzt unterscheiden zwischen deiner guten oder vielleicht bösen Absicht?

Ich hab ihr doch nur die Hand auf die Schulter gelegt!

Das »nur« bestimmst aber du!

Rettet den Kontext!, murmele ich.

Jetzt willst du auch noch die Deutungshoheit über den Kontext? Der ist für dich doch ein komplett anderer als für sie. Fang mal lieber an, von vornherein dein weißes Privileg mitzudenken!

Ich denke also ein bisschen nach und stelle fest, dass ich mich durchweg als freies Individuum betrachte, das in keinerlei historischem Zusammenhang agiert und sein Privileg nicht im Geringsten mitdenkt.

Ich laufe also zurück, entschuldige mich bei der Platzanweiserin. Sie zuckt die Schultern, winkt ab. Ich füge hinzu, ich käme aus Europa, als erkläre das irgendetwas. Fast mitleidig schaut sie mich an, und ich meine, in ihrem Blick zu erkennen, wie satt sie die Erklärungen von Weißen hat, die vielleicht sogar ihr Privileg erkennen, aber im Kern nichts verändern.

Aus dem alten, zerbeulten Honda steige ich um in den neuen roten Porsche Cabrio von Lille, verabschiede mich von Vince. Er beklagt sich über meinen Film, er sei ihm zu ernst gewesen. So eine traurige Familiengeschichte, alle machen sich fertig, wie in seiner Familie, und niemand habe am Ende gewonnen.

Es ist halt ein realistischer Film, sage ich.

Ist doch scheiße, sagt Vince. Ich ziehe die Fiktion vor.

Lille ist studierte Ökonomin, frisch in Rente. In einer Start-up-Firma von jungen Techies hat sie viel Geld verdient und eine Zweizimmerwohnung in San Francisco gekauft. Ich frage nicht, was sie gekostet hat. Sie lebt allein und ist sehr guter Dinge. Sie ist eigentlich immer sehr guter Dinge. Ursprünglich kommt sie aus Deutschland, lebt aber seit Jahrzehnten in den USA. In der Dramaturgie der Heldenreise gäbe sie, weil sie sich in beiden Ländern auskennt, eine gute Mentorin ab, Archetyp »weise Frau« mit grauen Haaren. Die Mentorin führt den Helden ein in die fremde Welt und beschützt ihn, so gut es geht.

Lille hat ihre Haare gerade frisch blondiert, und während sie in ihrem Porsche über den Highway brettert und unsere Haare im Wind flattern, erzählt sie, dass sie nun als Rentnerin ihr Wissen in den Dienst der Nachkommen von Sklaven stellt, um Reparationszahlungen zu berechnen. Sie fährt dafür auf Konferenzen, oft ist sie die einzige weiße Frau dort, die nur akzeptiert wird, weil sie als Deutsche als Expertin für das Thema Wiedergutmachung gilt. Die Diskussionen sind kompliziert und langwierig. Viel wird darüber gestritten, ob Geld über Jahrhunderte erlittenes Unrecht ausgleichen kann oder nur wieder auf die Opferrolle verweist.

Geld ist immer besser als kein Geld, sagt Lille, das ist meine Meinung.

Wir fahren an den Stinson Beach, wo ich das erste Mal mit achtzehn war, so verliebt, dass ich ohne den Geliebten glaubte, nicht mehr leben zu können. Über uns kreischen die Möwen, vor uns liegt der Pazifik, Rauch liegt in der Luft. Weit hinter uns am Horizont lodern die Waldbrände, die die *firefighters* seit Tagen zu löschen versuchen.

Etwas Heldenhafteres als einen Feuerwehrmann gibt es in den USA nicht. Er fährt in einem Fahrzeug wie aus dem Märchen vor, trägt schwere Rüstung und riskiert sein Leben im Feuer, vor dem wir eine tiefe archaische Furcht hegen.

Eine weitere Freundin, Heather, gesellt sich am Strand zu uns. Ihr Mann ist vor Kurzem nach langer Krankheit gestorben. Ganz zittrig und durchsichtig wirkt sie vor Trauer. Jahrelang hat sie ihren Mann versorgt, auf Kickstarter Geld gesammelt, um die immensen Krankenhausrechnungen bezahlen zu können, was ihr jetzt noch peinlich ist, aber als Hochschulprofessorin verdiente sie einfach nicht genug. Auf gar keinen Fall sollte ihr Mann davon erfahren. Aber so hatte sie dafür gesorgt, dass er bis zum Ende palliativ versorgt werden konnte.

Du bist eine Heldin, sage ich.

Nein, bestimmt nicht, sagt sie. Ich hatte Angst, dass ich sein Leiden nicht ertrage. Nicht mitansehen kann. Dass ich fliehe. Mich davonstehle. Ich bin jeden Tag kürzer im Krankenhaus geblieben, habe mich vor seinem Zustand gefürchtet, vor seinem Stöhnen und Knurren, Jaulen und Schreien vor Schmerzen. Wirklich wie ein Tier, das ich nicht kannte. Und jeden Tag wurde es schlimmer. Es ist so schwer zu akzeptieren, dass es nicht mehr besser werden kann, nur schlechter. Dass nichts wieder gut wird. Ich bin nicht religiös und dachte immer, mein Mann ist es auch nicht, nie hat er von Gott gesprochen, wirklich nie. Aber dann habe ich im Krankenhaus auf seinem Handy einen täglichen Aboservice entdeckt, *a message from God,* und seltsamerweise wurde das mein täglicher Trost und Beistand. Am Tag seines Todes bekam ich die SMS: »Fürchte dich nicht«.

Dass die irgendwann kommen würde, hätte ich dir gleich sagen können, sagt Lille trocken, und tatsächlich lacht Heather, sie kann gar nicht aufhören zu lachen, und wir lachen mit ihr, wiehern und kichern und kreischen.

Erschöpft lassen wir uns in den warmen Sand fallen, drei ältere weiße Damen am Strand. Die Sonne steht hoch am Himmel, uns wird heiß, wir ziehen T-Shirts, Hemden, Blusen aus, halten unsere nackte Haut ins Licht, und wahrscheinlich vergleichen wir dabei gegenseitig unsere Körper. Wir können nicht anders, wir haben den Vergleich von früh auf gelernt, er geschieht automatisch und ist schwer zu verlernen. Wir vergleichen unsere Weiblichkeit und haben doch alle drei die Kriterien der Väter übernommen: etwas schaffen, jemand werden, unabhängig sein, aufbrechen in unsere eigenen Abenteuer. Die Mütter und Hausfrauen unserer Generation forderten von uns dasselbe und führten sich dabei selbst ad absurdum: Sei wie ein Mann! Lerne einen Beruf! Sei frei! Finanziell autonom!

Wir haben gehorcht. Wir sind Professionelle. So nannte man früher Sexarbeiterinnen – im Unterschied zu was? Zu Amateurinnen, die kein Geld nehmen? Wir lachen. Das Privileg als weiße Frauen immer mitdenken: Wir durften studieren. Wir durften raus. Ins Abenteuer. Ein Leben ausschließlich zu Hause konnten wir uns nie vorstellen, wir wollten unterwegs sein. Gleichzeitig sollten – und wollten – wir, wenigstens ab und zu, sein wie unsere Mütter: anwesend für die Familie, verlässliche Versorgerinnen, nachsichtige Geliebte und treue Ehefrauen. Kein Wunder, dass wir oft das Gefühl hatten, keinem gerecht zu werden, auch uns selbst nicht. Und jetzt fürchten wir, dass wir durch Alter und Krankheit ein für alle Mal zurück ins Haus verwiesen werden. Wir üben bereits, nach Kräften den Moment zu genießen, das kleine Hier und Jetzt. Weg vom Ego der eigenen Geschichte hin zu den hunderttausend Dingen außerhalb von uns. Nur ganz kurz waren wir in unserem eigenen Actionfilm als Hauptdarstellerin unterwegs, und jetzt heißt es bereits wieder Kontemplation statt Aktion. Aber vielleicht ist es das erstrebenswertere Ziel, als Heldin einer überkommenen Dramaturgie zu werden? *Nicht müde werden, sondern dem Wunder leise wie einem Vogel die Hand hinhalten,* hat Hilde Domin gedichtet. Hinschauen statt in die Schlacht ziehen. Sich die Welt nicht untertan machen, sondern sie auf uns zukommen lassen. Sitzen statt Rennen. Warten statt Abenteuer. Doch ist das nicht wieder die alte Rolle der Penelope? Das Gegenteil einer Story? Momentaufnahmen der puren Aufmerksamkeit von Augenblick zu Augenblick zu Augenblick: Darin könnte eine ganz andere Art verborgen liegen, die Welt wahrzunehmen und über sie zu berichten. Eine fragmentarischere, aber unter Umständen wahrhaftigere und sogar poetischere Erzählhaltung als das ewige Narrativ von Aufbruch, Kampf und Rettung. Vielleicht ist die weibliche Dramaturgie am Ende doch eine andere, überlegen wir, kein Kreis, sondern eine Wellenbewegung. Unser Nachdenken über das episodische Erzählen unterbricht ausgerechnet ein Mann, der sich am völlig leeren Strand nur wenige Meter von uns entfernt niederlässt. Langsam und bedeutungsvoll zieht er sich aus und präsentiert schließlich eine wirklich übertrieben prall gefüllte Badehose, die, als er sich auf seinem Handtuch auf den Rücken legt, steil aufragt wie die Eigernordwand. Wir kichern laut, was den Mann nicht im Geringsten stört, im Gegenteil, er scheint unsere Aufmerksamkeit zu genießen. Wir retten seinen Tag, denn wer wäre er ohne den Blick der Frauen? Wenn ihm keine mehr zuschaut?

Ein Spatz hüpft auf unser Handtuch, und alle drei halten wir ihm die Hand hin.

Wir verabschieden uns von Heather, die nach Los Angeles zurückkehrt, in ein von Grund auf verändertes Leben ohne ihren Mann. Jede Veränderung bedeutet Tod und jeder Tod Veränderung, lautet eine Grundregel des Erzählens. Transformation ist der Schlüssel. Wenn sich nichts verändert, ist es keine Geschichte. Wir fürchten uns vor Veränderung und sehnen uns gleichzeitig nach ihr, sie ist Bedrohung und Erlösung zugleich. Die Veränderung selbst in die Hand zu nehmen ist der amerikanische Traum, und die amerikanische Maxime: Erfinde dich selbst und deine Geschichte neu. Je größer und dramatischer die Veränderung, desto besser, denn damit ist die Erlösung auch größer, und in amerikanischen Filmen klatschen alle Umstehenden. Wenn die Veränderung erfolgreich ist, ist es eine gute Geschichte. Was gut ist, hat Erfolg, und was erfolgreich ist, ist gut. Aber auch das bedeutet Diskriminierung. Es schließt all die aus, die nicht gewinnen. Die anders sind und ihr Anderssein nicht zu einer einzigartigen Geschichte machen, die sie anderen wiederum als glorreiches Beispiel erzählen können. Die keine großen Träume haben und vielleicht auch keine kleinen. Die krank sind und die Krankheit nicht besiegen. Die schwach sind und schwach bleiben. Die den Kampf verlieren. Die keine Helden sind und deshalb keine gute Geschichte haben. *A good story.*

Meine Reise neigt sich dem Ende zu. Wie war das möglich, frage ich mich nur kurze Zeit später, als die Pandemie mich zu Hause einsperrt und ich sehnsüchtig auf die Rückkehr meines alten Lebens warte, dass ich wegen eines Filmfestivals für fünf Tage einfach so um den halben Erdball geflogen bin? Als lahme Entschuldigung habe ich zwar CO_2-Kompensationen bezahlt, aber nichts konnte mich von der Aussicht auf ein kleines Abenteuer abbringen. Nur ein kleines, bitte, ohne größere Prüfungen, Konflikte und gar tiefgreifende Veränderungen – also letztlich kein richtiges Abenteuer, keine dramatische Geschichte. Wir selbst wollen nämlich meist gar keine großen Geschichten erleben, weil wir genau wissen, dass sie ohne Schmerzen nicht zu haben sind. Andere sollen sie stellvertretend für uns erleben und erleiden und uns wie ein magischer Schutz vor dem eigenen Drama bewahren. Andere sollen Helden und Heldinnen sein.

Ich verabschiede mich von Lille, sehe ihr nach, wie sie davonfährt, ihre platinblonden Haare flackern im kalifornischen Sonnenlicht wie eine Flamme. Da weiß ich noch nicht, dass eine dramatische

Geschichte bereits auf mich lauert und ich mich in weniger als zwei Stunden in Lebensgefahr befinden werde. Ich werde mich fürchten wie nie zuvor in meinem Leben. Noch aber latsche ich routiniert und gelangweilt durch den Flughafen, eine Törin, die meint, ungeschoren davonkommen zu können. Noch pfeift sie fröhlich ein Liedchen, fühlt sich ziemlich großartig als unentwegte Weltenbummlerin und macht lustige Selfies mit ihrem falsch geschriebenen Namen – Dory – auf einem Starbucks-Kaffeebecher. (Das sei eine Social-Media-Strategie, wird kolportiert: Der Name werde mit Absicht falsch auf den Becher geschrieben, damit er gepostet wird. Wir sind umzingelt von narrativen Techniken und fallen nur allzu gern auf sie herein.) Noch also wandere ich wie eine selige Schlafwandlerin umher und erinnere mich an einen anderen Kaffeebecher, auf dem Do Re stand. Ich bekam ihn in Tokio …

(Cliffhanger. Ein simpler und billiger Trick: Die Geschichte, wie ich das Fürchten lernte, geht erst ganz am Ende weiter.)

II

Tokio

1985 werde ich mit meinem ersten Spielfilm auf das Internationale Filmfestival in Tokio eingeladen. Ich bin zum ersten Mal in Japan, vor Aufregung kann ich nicht schlafen. Ich habe noch nichts vom Land gesehen, fühle mich noch gar nicht wirklich in der Fremde, denn in der Dunkelheit bin ich vom Flughafen direkt ins Hotel gefahren worden. Ein wenig fremd sind nur die weißen Handschuhe des Taxifahrers, der Linksverkehr, das kleine Glöckchen, das Tempoüberschreitungen ankündigt, die leise Höflichkeit der Frauen an der Hotelrezeption. Der Tisch hat kurze Beine und die Stühle gar keine, in der Minibar steht Asahi-Bier, auf der Frühstückskarte habe ich das japanische Frühstück angekreuzt und draußen an die Tür gehängt.

Meine Vorstellung von diesem Land ist von alten Schwarz-Weiß-Filmen von Ozu, Mizoguchi und Kurosawa geprägt, ein einziges Mal war ich im einzigen japanischen Restaurant in München, dem Mifune, das dem Schauspieler Toshiro Mifune gehörte. Er spielte die Hauptrolle in dem Film *Die sieben Samurai,* einen verlotterten verrückten Samurai und Angeber, der im Verlauf der Geschichte immer mehr zum Helden wird. Ich erinnere mich an perfekte Bildkompositionen in Schneeweiß und Lackschwarz, an Schwertkämpfe, pittoreske Samurai-Rüstungen und Kriegsgeschrei. Kurosawa liebte amerikanische Western. Vor meinem Fenster blinken fremde Schriftzeichen in übergroßen Neonreklamen in allen Farben. Meine Gedanken irren umher und suchen meinen Körper, der sich noch in Europa zu befinden scheint. Ich trage einen *yukata,* einen sehr schönen, blau-weiß gestreiften Baumwollkimono, der auf meinem Bett lag, setze mich ans Fenster und schaue auf das bunte Lichtermeer, bis es langsam verblasst. Der Zimmerkellner klopft und bringt nach einer abgezirkelten Verbeugung, die ich prompt nachzuahmen versuche, ein viereckiges schwarzes Tablett herein und stellt es auf den niedrigen Tisch. Auf dem Tablett befinden sich ungewohnte Speisen zum Frühstück: Fisch, Suppe, Reis, eingelegtes Gemüse, schmale Algenblattstreifen, eine Mandarinenspalte und grüner Tee. Alles in verschiedensten bunten Schälchen und Tellerchen, nichts passt zusammen und vereint sich dennoch zu einer verblüffend harmonischen Gesamtkomposition. Ich bemühe mich, so anmutig wie möglich auf den Knien vor dem niedrigen Tischchen zu sitzen, aber meine Beine sind zu lang, der *yukata* zu kurz, ich bin ein Fremdkörper in dieser Umgebung, ein fremder Körper, der nicht hineinpasst in das ästhetische Arrangement, keinen Eingang findet in die Komposition. Ich weiß noch nicht, dass dies die Grunderfahrung des *gaijin* ist, des Fremden, der von draußen kommt und nie ganz hinein darf in dieses Land.

Als Kind habe ich am liebsten einen gedeckten Tisch gezeichnet, mit Tellern, Tassen, Schüsselchen, Besteck, noch ohne die Menschen, die im nächsten Augenblick an ihm Platz nehmen werden. Die Stimmung ist still und gesammelt, Vorfreude und eine gewisse Anspannung liegen in der Luft. Ein gedeckter Tisch ist wie ein Versprechen, die Ankündigung einer Geschichte. Eine Geschichte schreiben ist wie einen Tisch decken.

Für diese Geschichte stelle ich einen chinesischen Teller auf den Tisch, eine Puppe, die Kopf und Arme bewegen kann, und lege ein scharfes Messer dazu. Unweigerlich wird man je nach Position der einzelnen Gegenstände Schlüsse ziehen und versuchen, ihre Bedeutung einzuschätzen. Die Puppe in der Mitte des Tisches bedeutet etwas anderes als das scharfe Messer in der Mitte. Die Puppe auf dem Messer etwas anderes als das Messer auf dem chinesischen Teller. Und was, wenn der Teller zerbrochen ist? Der Puppe ein Arm fehlt? Der Arm im Suppenteller schwimmt?

Ich decke den Tisch. Hole das Geschirr aus dem Schrank, blau-weißes, teilweise verfärbtes und muschelbewachsenes Porzellan. Es stammt von einem Schiff, das vor mehr als zweihundert Jahren vor Indonesien auf Grund lief und sank. Ich decke den Tisch für meine japanischen Freundinnen in München, wir wollen zusammen *nabe* essen. *Nabe* ist ein Eintopfgericht, das traditionell auf einem Campingkocher zubereitet wird, den man mitten auf den Tisch stellt. In Japan wurde es im Winter auch deshalb zu meinem Lieblingsgericht, weil ich mir in den eiskalten und schlecht isolierten Wohnungen wenigstens die Hände daran wärmen konnte. In einem fort jammerte ich und war damit die Einzige. Niemand sonst schien sich an der Kälte zu stören. In Japan heizt man sich selbst, wenn man friert. Man versucht gar nicht erst, die Umgebung zu verändern. Eine fast schockierende Umkehr meiner Sicht auf ärgerliche Umstände, die ich mir nie aneignen konnte. Mich einfach ergeben und nichts verändern außer mich selbst? Ich beschwerte mich weiter über die Kälte, bis von einem Tag auf den anderen der Sommer kam und ich mich über die brütende Hitze beklagte. Und wieder jammerte außer mir kein Mensch, sondern legte sich ein feuchtes Tuch um den Hals, lutschte salzige *Umeboshi*-Bonbons – und hielt durch. *Ganbatte.* Gib dein Bestes. Halt durch. Das sagt man bereits zu kleinen Kindern.

Als ich 2019 nach Japan fliege, weiß ich nicht, dass es für lange Zeit das letzte Mal sein wird und das Land sich wegen der Pandemie bald fast so rigoros abriegeln wird wie von 1630 bis 1853, als zur Abwehr gegen die Portugiesen keine Ausländer ins Land durften und auch niemand mehr raus.

Ich fliege fast jedes Jahr nach Japan und genieße bereits im Flugzeug, wie sich die Atmosphäre durch die japanischen Mitreisenden verwandelt und leiser, vorsichtiger, höflicher wird. Ich freue mich über das erste *onigiri*, einen in ein Algenblatt eingewickelten Reiskloß, der als Imbiss gereicht wird. Nach dem Essen wird das Licht gelöscht, wie Kinder werden wir zu Bett gebracht, nur noch der Monitor leuchtet blau in der Nacht. Auf seiner Anzeige bewegt sich ein weißes Flugzeug wie ein kleiner Papierflieger langsam über den Planeten. Jedes Mal wieder kann ich nicht fassen, dass in einem Stahlbehälter zehn Kilometer über der Erde zweihundert Menschen zusammen essen, schlafen, träumen. Weil ich es so ungeheuerlich finde, kann ich im Flugzeug nie schlafen. Ich hoffe, auf der richtigen Seite zu sitzen, um am Morgen vielleicht einen Blick auf den Fuji zu erhaschen. Nie bekomme ich genug von ihm. Er ist die Quintessenz eines Bergs. Wenn er sich zeigt, gibt er immer sein Bestes. Unwirklich. Überirdisch. Grandios.

In Tokio angekommen, kaufe ich noch im Flughafen den ersten Tee aus dem Automaten. Der Geruch von grünem Tee ist für mich der Geruch Japans. Zu Hause in Deutschland, wo ich fast nie Tee trinke, brauche ich nur daran zu riechen, um nach Japan versetzt zu werden. Beim Geldumtauschen amüsiere ich mich über das immer gleiche, mit größter Sorgfalt ausgeführte Ritual: Der erste Mann hinter dem Schalter füllt ein Formular aus, legt mein Geld auf einen Teller, den er einem zweiten Mann gibt, der nachzählt, bevor er den Teller einem Dritten weiterreicht, der mein Geld in eine Zählmaschine füttert. Ein Vierter tauscht es um in Yen und gibt es wieder dem Dritten, der es dem Zweiten gibt, der wieder nachzählt, es dann dem Ersten reicht, der mir das Geld auf dem Teller zurückgibt. Zum Abschluss darf ich mir aus einer kleinen Schale ein winziges Origami nehmen und wähle ein Herz, *kokoro,* wie der Titel des berühmten Romans von Natsume Soseki, einem meiner japanischen Lieblingsautoren, der in fast durchsichtigen Sätzen schrieb, die sich erst beim Lesen zu verfestigen scheinen. Nicht ganz greifbar, nicht begreifbar, nicht richtig zu fassen. Die Dinge existieren eher in der Luft als am Boden, man kann sie nicht dingfest machen, sie entziehen sich, sie schillern und verändern sich, nichts ist ganz eindeutig. Man sagt nicht Nein, sondern lieber *tabun*, vielleicht. Vielleicht fühle ich mich deshalb leichter in diesem Land, vielleicht aber auch nur, weil ich offensichtlich Außenseiterin bin. Ich muss nicht mitspielen. Darf nur beobachten.

Nach langer Zeit werde ich Tatsu wiedersehen. Wir haben uns vor sechs Jahren in Kyoto kennengelernt, im *konbini,* einem 24-Stunden-Supermarkt, den es an jeder Straßenecke gibt. Ich verleibe mir Japan durchs Shoppen ein oder zumindest durch das Betrachten all dessen, was es zu kaufen gibt. Weiße Polyester-Oberhemden und Krawatten für die *salary men,* lange Handschuhe für die Frauen, um Hände und Arme beim Fahrradfahren vor der Sonne zu schützen, parfümiertes Gel für nackte Frauenbeine, Strumpfhosen, Intimsprays mit Kirschblütenduft, Schreibbedarf, Mangas für jeden Geschmack, von Pornos bis zu Katzengeschichten, Bier und Sake im Glas, Mahlzeiten für die Mikrowelle, einzeln verpackte salzige Pflaumen, die besten Eiersandwiches der Welt, *onigiri* mit verschiedensten Füllungen, Regenschirme, Sonnenhüte, Schokolade, Reiscakes und Baumkuchen. Hundertfach haben sich Verkäufer und Verkäuferinnen in ihrer Uniform, schwarze Schürze über weißer Bluse, vor mir verbeugt, wenn sie mir Wechselgeld und Einkauf in einer Plastiktüte gaben, und ich habe gelernt, auf Japanisch zu sagen: Ich brauche keine Plastiktüte, danke. Worauf sie sie leicht verwirrt zurücknahmen, wegwarfen und sich wieder verbeugten. Manchmal verfluche ich diese fast roboterhafte Höflichkeit, um sie kurz darauf als beispielhaft zu loben. Wie fast alle Japanreisenden bewundere ich die unvergleichliche japanische Ästhetik und kritisiere im selben Atemzug fehlende Spontaneität und Flexibilität. Immer noch jongliere ich mit den Klischees in meinem Kopf, die ich an schlechten Tagen bestätigt und an guten Tagen in ihr Gegenteil verkehrt sehe. Aber in keinem anderen Land fühle ich mich so aufgehoben und beschützt wie hier, vielleicht auch, weil mich niemand wirklich einschätzen und beurteilen kann.

An die kleine, dicke ältere Dame, die keine gedeckten Farben trägt wie bei ihren Altersgenossinnen üblich, sondern ein pinkfarbenes Strickkostüm – bei der Hitze! –, wende ich mich mit der

Bitte, das *onigiri* mit Algenfüllung für mich herauszupicken, denn ich kann mir die Schriftzeichen einfach nicht merken. So mache ich das immer, und die meisten, die ich anspreche, helfen mir nach einem kurzen Moment der Verblüffung sofort. So auch Tatsu, die mich aus dem in ihren Sonnenhut integrierten Plastikfenster beäugt wie aus einem Terrarium. In fließendem, sorgfältig prononciertem Deutsch fragt sie mich, ob ich aus Deutschland komme, und als ich bejahe: Woher genau? Als ich München sage, fragt sie weiter: Dort auch geboren? Auf meine Antwort hin, dass ich ursprünglich aus Hannover stamme, entfährt ihr: Potzblitz! Über das altmodische Wort muss ich lachen. Davon ermuntert, zählt sie Straßennamen aus Hannover auf, an die ich mich kaum erinnere, und fragt dann schüchtern, ob sie mich zu einem Kaffee einladen dürfe, sie wolle so gern mal wieder deutsch sprechen.

Bitte, fügt sie hinzu und klimpert kokett mit den Wimpern hinter ihrem Plastikfenster. Sie ist so untypisch forsch und amüsant, und ich bin ein wenig einsam in Kyoto, also sage ich zu und hieve schon am nächsten Tag mein Fahrrad über die großen Schildkröten-Steine, um eine Abkürzung zu nehmen und den Kamogawa zu überqueren, den Entenfluss. Für immer verharren sie auf der Stelle und kommen keinen Zentimeter voran. In einem der berühmten Steingärten in Kyoto symbolisiert eine Schildkröte, die flussaufwärts schwimmt, die Sturköpfigkeit des Menschen, der die Vergeblichkeit seines Strebens auf Erden nicht einsehen mag. Die letzten Wochen habe ich ausschließlich in Tempeln und Schreinen zugebracht, um die zweitausend gibt es in Kyoto, etwa einhundert habe ich inzwischen besucht. Keiner gleicht dem anderen, jeder besitzt seine eigene betörende und gleichzeitig erstarrte Schönheit, denn Zen wird fast nirgendwo mehr richtig praktiziert, sondern eher wie in einem Museum von ein paar alten Herren in schwarzen Roben den Touristen vorgespielt. Vor allem die ausländischen versetzt es prompt in heilige Ehrfurcht. In andächtigem Schweigen sitzen sie vor penibel geharkten Steingärten und warten auf irgendetwas Erhabenes, Erkenntnisreiches, Erleuchtetes, eine göttliche Eingebung. Aber im Zen gibt es nichts Heiliges.

Ich sitze in meinem Lieblingstempel Entsuji auf einem roten Teppich, der die alten Tatamis schonen soll, vor mir der in der Hitze flimmernde Berg Hiei, tief gekrümmte Krüppelkiefern, blaugrüner Buchsbaum und gelbgrüner Bambus. Die Landschaft wird in den Tempelraum mit einbezogen, sie wird ausgeborgt, *shakkei* heißt dieses Konzept. Die

48

Landschaft tritt ein in den Raum und verändert ihn mit ihrem Licht.

Hier bin ich die einzige *gaijin,* die Atmosphäre ist deshalb auch gleich weniger andächtig, Handys bimmeln, eine Frau macht von sich in Meditationspose ein Selfie, ein junges Paar spielt sich auf dem Telefon Videos vor, dazu krächzen die Krähen, und etwas weiter entfernt dröhnt ein Betonmischer, der mich empfindlich stört. Da fällt mein Blick auf eine Tuschezeichnung des Zen-Meisters Dogen an der Wand, der lehrte, die Welt in ihrer unendlichen Vielfalt auf sich zukommen zu lassen, sie nicht auszugrenzen und sich selbst nicht abzugrenzen. Das Gegenteil von Reinheit und Purismus. Also, willkommen Betonmischer.

Ich bin ein paar Minuten zu spät dran. Unverzeihlich. Ich weiß nicht, wohin mit meinem Fahrrad, wild parken ist streng verboten, ununterbrochen kreuzen Fahrradabschleppwagen durch die Straßen. Endlich finde ich eine Fahrradparkgarage, wo ein Uniformierter mich auffordert, den hinteren Fahrradreifen ordentlich hinter die weiße Markierung zu stellen und nicht etwa darauf.

Schweißgebadet komme ich endlich am Treffpunkt an, ein deutsches Café – Tatsus Vorschlag –, in dem Bratwürstchen und Schokosahnetorte vor einem Alpenpanorama samt Bergwiese mit Enzian serviert werden.

Die Haare hängen mir nass in die Stirn, das Hemd klebt am Körper, ich weiß, dass ich im Unterschied zu allen anderen vollkommen derangiert aussehe, mein ständiges Schicksal in Japan. Tatsu ist natürlich längst da und tupft sich mit dem Baumwolltüchlein, das in keiner japanischen Handtasche fehlen darf, die Stirn. Sie ist perfekt geschminkt und frisiert, makellos, jedes Haar an seinem Platz. Sie trägt ein goldfarbenes Lurex-Twinset und ist sehr rundlich, was in Japan mit seinem unerbittlichen *body shaming* selbst bei älteren Frauen selten ist. Wie eine verzierte Praline sitzt sie da. Kaum habe ich Platz genommen, beginnt sie zu sprudeln, oder eher zu perlen, denn sie spricht jedes Wort aus, als würde sie es vorher rund lutschen wie ein Bonbon.

So eine wunderbare Gemütlichkeit hier!, ruft sie.

Nun ja. Draußen glüht der Asphalt. Im Café weht eiskalte Gebirgsluft aus der Aircondition. Ich wähle ein Stück Baumkuchen, Tatsu ein Stück Schwarzwälder Kirschtorte mit Sahne. Elegant hält sie die Kaffeetasse, formvollendet zerteilt sie ihren Kuchen mit der Kuchengabel in winzige Happen, die sie graziös und langsam zum Mund führt, sodass ich mir ungelenk und unbeholfen vorkomme, wie ständig in Japan. Sehr direkt fragt sie nach meinem Geburtsdatum, und wir stellen fest, dass wir in demselben Jahr geboren sind.

Ein Ärmel berührt den anderen, ruft Tatsu begeistert, was, wie ich später nachlese, so viel heißt wie: Glückliche Umstände haben uns miteinander in Berührung gebracht.

Schmeckt Ihnen der Baumkuchen?

Ja, sage ich. Ich liebe Baumkuchen. Er erinnert mich an meinen Großvater. Als ich klein war, durfte ich manchmal mit ihm in Hannover in die Holländische Kakao-Stube gehen. Das war etwas ganz Besonderes: Ich bekam einen heißen Kakao, mein Großvater aß eine Königinnenpastete. Die wahre Spezialität des Hauses aber war der Baumkuchen, eine zarte und teure Kostbarkeit, jede Teigschicht dünner als ein Taschentuch und mit Zartbitterschokolade glasiert. Rings an den Wänden hingen blau-weiße Delfter Kacheln mit Windmühlen, die Kellnerinnen trugen weiße Spitzenschürzchen, und über uns schwebte das riesige Gemälde eines Schiffs in stürmischer See. Alles wirkte sehr gediegen und alt. Tatsächlich hatte bereits 1921 der Konditormeister Friedrich Bartels das »Van Houten's Cacao-Probe-Lokal« übernommen, und der jetzige Besitzer heißt in der dritten Generation immer noch Friedrich Bartels. Der Baumkuchen war für mich immer der Inbegriff der Kakao-Stube und von Hannover, bis ich in Japan zu meinem großen Erstaunen überall Baumkuchen entdeckte, »Baumkuhu«, wie man es auf Japanisch ausspricht. Der Bäcker Juchheim hat ihn in Japan eingeführt. Er kam aus Hessen und hatte 1914 in China unter deutscher Kolonialherrschaft als Bäcker gearbeitet. Als Kriegsgefangener nach Japan gebracht, backte er dort die ersten Baumkuchen, die auf so große Begeisterung stießen, dass er nach Kriegsende ein Café und eine Baumkuchenbäckerei eröffnete. 1923 verlor er im großen Erdbeben von Kanto alles, baute wieder auf, aber als er 1945 starb, wurde seine Frau Elise von den Amerikanern deportiert. Ehemalige Angestellte backten weiter und setzten sich dafür ein, dass Elise Juchheim 1953 nach Japan zurückkehren durfte. Juchheims Baumkuchen war da aus Japan längst nicht mehr wegzudenken.

Das stimmt, bestätigt Tatsu, der 4. März ist der Tag des Baumkuchens. Ich weiß das so genau, weil ich für meine Mutter immer einen ganzen Stamm Baumkuchen kaufen muss, er ist an dem Tag besonders günstig.

Aber wussten Sie, frage ich, dass es im Kaufhaus Isetan in Shinjuku einen Ableger der Holländischen Kakao-Stube von Hannover gibt?

Nein, ruft sie, nicht zu fassen! Warum weiß ich das nicht? Ich lebe doch in Tokio! Und dass der

Baumkuchen aus Deutschland stammt, kann ich gar nicht glauben. Er wirkt so durch und durch japanisch.

Ich meine zu wissen, was sie meint. Zu filigran erscheint der Baumkuchen, um deutsch zu sein. Zu viel Sorgfalt und Geduld, zu viel Hingabe steckt in ihm, zu viel Liebe zum Detail. Zu viel japanisches *ganbatte*, Schicht für Schicht.

Im Detail und in der exakten Wiederholung offenbart sich das Göttliche.

Im Zen-Buddhismus gibt es eine klösterliche Art, gemeinsam zu essen, die sich *oryok*i nennt, was so viel heißt wie »genau die richtige Menge«. Früher sind die Mönche mit einer Bettelschale umhergezogen, um sich zu ernähren. In Demut und Dankbarkeit sollten sie das, was ihnen gegeben wurde, als genau die richtige Menge akzeptieren.

Bei meinem ersten Aufenthalt vor vielen Jahren in einem japanischen Zen-Kloster bekomme ich bei jedem Essen Herzklopfen vor Angst, da jede Bewegung festgelegt ist und haarklein befolgt werden muss, um in Takt und Gleichklang mit den anderen zu bleiben. Nur so fällt man nicht auf. Die Bewegungen der Geübten schnurren ab wie in einem choreografierten Ballett, was, wenn es alle können, sehr viel Grazie und Schönheit hat, aber umso deutlicher denjenigen als ungelenken Trottel herausstellt, der es nicht beherrscht. Mich erinnert es auf fatale Weise an meine kurze Zeit als Geigenschülerin in einem Orchester, wo ich oft als Einzige mit meinem Geigenbogen nach oben strich, wenn alle anderen nach unten strichen, und jeder mir bei meinem Fehler zuschauen konnte. Er ließ sich nicht verheimlichen oder vertuschen, denn wenn man einmal in die falsche Richtung streicht, kann man es nicht mehr ändern, ohne den Ton zu unterbrechen. Die Dirigentin, eine gefürchtet strenge Musiklehrerin, sah mir jedes Mal hämisch dabei zu, wie sich mein Bogen als Einziger in die Höhe schraubte.

Beim *oryoki* habe ich nun Angst, dass alle Mönche mir ähnlich schadenfroh beim Essen zuschauen werden. Ich bekomme mein Essgeschirr ausgehändigt, das aus einer großen Lackschale besteht, der *buddha bowl,* und zwei kleineren Schalen, einem Paar Stäbchen, einem Holzlöffel, einer Art Spatel, einer Serviette und einem großen Tuch, in das alles eingepackt und mit einem bestimmten Knoten zugebunden wird, der an eine Lotusblüte erinnern soll und den ich nie beherrschen lerne. Das liegt auch daran, dass ein japanischer Knoten grundsätzlich andersherum geknotet wird und mein gelernter deutscher Knoten anscheinend so tief in meinem Hirn verankert ist, dass ich einfach nicht umlernen kann. Vor allem nicht in der geforderten Geschwindigkeit, denn jedes Essen dauert nur knapp zehn blitzartig verstreichende Minuten, es ist, als bestiege man einen Shinkansen, einen japanischen Schnellzug, der bis zum Zielort kein einziges Mal anhält. Als ich verzweifelt den uralten Abt frage, ob es nicht auch langsamer ginge, warum muss denn immer so entsetzlich schnell gegessen werden, warum denn nur?, antwortet er: Weil uns die Knie wehtun. Seine Antwort erschüttert mich, denn ich hatte fest angenommen, dass meine quälenden Knieschmerzen vom Sitzen auf den Fersen durch beständige Übung irgendwann aufhören würden. Aber Zen, das ist eine der vielen ernüchternden Einsichten, wird niemals »leichter«. Nur anders.

Wie viel ist genau die richtige Menge? Wie viel ist gerade genug? Und wann ist es genug? Bin ich noch sehr hungrig? Ein wenig hungrig? Nicht mehr hungrig? Und was geschieht, wenn ich mehr als genug habe und nicht aufessen kann? Es gibt eine bestimmte Geste, bei der man die geöffnete Hand mehrmals ein wenig nach oben anhebt, die bedeutet, dass man genug hat, die aber genauso missverständlich und für mein Gefühl verkehrt herum ist wie der Knoten. Wenn man die Hand umdreht, bedeutet es nämlich: Nachschlag bitte! Und dann ist man gezwungen, diesen in Windeseile aufzuessen, denn niemals darf etwas übrig bleiben und weggeworfen werden. Anfangs drohe ich fast an meinem Nachschlag zu ersticken, denn die Bewegungen der anderen laufen ja weiter, und es wird keine Sekunde lang auf den gierigen Nachzügler gewartet. Deutlich sehe ich, wie die jungen Mönche sich mühsam das Grinsen über mich verkneifen.

Oryoki ist gar nicht so sehr eine bestimmte Art des Essens und der Tischmanieren, sondern es soll die Art zu denken und zu sein trainieren und einem vor Augen führen, wie man sich in dieser Welt aufführt. Warum bin ich so gierig? Warum habe ich immer Angst, nicht genug zu bekommen? Ich bin ungeschickt, ungeduldig, ungenau und voller Widerwillen, wenn ich mich Regeln fügen soll. Deshalb wird mir *oryoki* immer verhasster. Es gibt kein Entrinnen vor der täglichen Diagnose: Heute bin ich besonders schlampig. Besonders widerwillig. Unbelehrbar. Immer mehr graust es mir auch vor der Säuberungsaktion am Ende der Turbomahlzeit. Da kratzt man mit dem Spatel seine Schale sauber, bekommt Wasser hineingegossen, schüttet es von einer Schale in die andere und trinkt zu guter Letzt das Abwaschwasser aus bis auf einen kleinen Rest, der für die hungrigen Geister eingesammelt und in den Garten geschüttet wird. Die hungrigen Geister sind all diejenigen, die in ihrem Leben gierig waren und nie genug bekamen. Zur Strafe haben sie im Jenseits nun bizarr aufgeblasene Bäuche und so lange Arme, dass sie den Löffel nicht zum Mund führen können, ihre Münder sind so klein, dass fast nichts hineinpasst, und wenn sie endlich ein wenig Essen auf der Zunge haben, geht es in Flammen auf. Sie bekommen also nie, nie, nie mehr genug. Nur wenn die Lebenden bereit sind, ihr Essen mit ihnen zu teilen, bekommen sie ein wenig in ihre Mägen, von uns also einen Schluck Abwaschwasser.

Jeden Tag wieder erfordert *oryoki* die größtmögliche Aufmerksamkeit, was bei mir fast zwangsläufig zum Versagen führt. Ganz so, als würde ich auf Skiern einen Berg hinunterfahren, aber die ganze Zeit auf meine Skier starren, was mich mit Sicherheit in den Schnee fallen lässt. Je mehr ich mich beim *oryoki* anstrenge, desto ungeschickter und fahriger werde ich. Das Einfache wird unendlich kompliziert. Ich komme nicht mehr den Berg runter. Ich strauchle, weiß nicht mehr weiter, bekomme Angst, bleibe stehen, bin kurz davor durchzudrehen. Damit bin ich nicht allein. Es kursieren viele Geschichten vom Scheitern am *oryoki*, Anekdoten von Zen-Schülern und -Schülerinnen, die sich aus Versehen zu viel Reis nahmen und ihn, als sie merkten, dass sie niemals alles aufessen und mit den anderen im Takt bleiben konnten, panisch in die Ärmel ihrer Roben schaufelten. Andere bekamen hysterische Lachkrämpfe, pupsten laut vor Schreck und Anspannung oder warfen in ihrer Frustration mit den Stäbchen um sich. Dabei geht es gar nicht ums absolute Funktionieren, um Perfektion, noch nicht einmal um die achtsame Beachtung des Details, sondern ganz einfach um unser Leben. Fast hinterhältig zeigt *oryoki* die eigenen Muster, den blinden Fleck, Unzulänglichkeiten und Schwächen, mit denen man sich nicht gern konfrontiert. Nichts bleibt verborgen: Entsetzt sehe ich, wie krumm und schief meine Tischmatte vor mir liegt, die Unkonzentriertheit in meinem Kopf direkt vor mir auf dem Tisch. *Oryoki* macht das Unsichtbare sichtbar.

Aber welches Hochgefühl, wenn es dann fast von selbst ein paar Bewegungen lang klappt, im vollkommenen Einklang mit den anderen und mir selbst. Wenn die Regeln mir nicht mehr feindselig gegenüberstehen, sondern ich in ihnen einen Hauch Freiheit und sogar Grazie finde. Und dann ist es auch schon wieder vorbei, ich war unachtsam, habe an etwas anderes gedacht und den Moment verpasst.

In Japan wirft man mir vor, dass ich unersättlich bin, sagt Tatsu und bestellt ein zweites Stück Schwarzwälder Kirschtorte. Hier bin ich ein Freak, ein Monster, man lacht über mich. Ich bin das Gegenteil von *kawaii,* süß. Wer dick ist, kann nicht *kawaii* sein.

Ich erzähle ihr, wie ich für einen Film über eine übergewichtige Friseurin als Recherche in einem Fatsuit durch die Stadt gegangen bin und schon nach wenigen Stunden geheult habe vor Erniedrigung. Auf der Terrasse eines Restaurants trank ich einen Kaffee und wurde vom Kellner grinsend gefragt: Vielleicht noch einen Sahneeisbecher?

Nein, nur einen Kaffee, schwarz, danke.

Auch besser so, sagte er.

Als ich wieder gehen wollte, klebte der Plastikkorbstuhl an meinem Hintern fest, ich stand mit ihm auf, und das gesamte voll besetzte Restaurant wollte sich ausschütten vor Lachen. Mir blieb nichts weiter übrig, als mitzulachen.

In einem teuren Klamottenladen versteckten sich die Verkäuferinnen in den Umkleidekabinen, um mich dabei zu beobachten, wie ich natürlich meine Kleidergröße nicht fand.

In der Straßenbahn sagte eine Frau zu mir: Zahlen Sie auch doppelt?

Tatsu winkt ab. Das ist noch gar nichts, sagt sie.

Wenn man fett ist, muss man jeden Tag eine Heldin sein. Oder nicht mehr aus dem Haus gehen.

Der Tisch in München ist gedeckt, meine japanischen Freundinnen kommen. Jede holt etwas anderes aus der Tasche: ein besonderes Gemüse, Pilze, einen frischen Wasabi, Messer und Reiben. Während sie mit Hingabe das Gemüse in millimeterdünne Stifte schneiden, Sesampaste stampfen, Wasabi mit chirurgischer Präzision abschaben, erzählt eine von ihnen, fast nebenbei, dass eine Apothekerin bei ihrem Anblick die gesamte Theke desinfiziert hat, eine andere, dass ihre kleine Tochter in der Schule beschuldigt wurde, das Virus ins Land gebracht zu haben, eine Dritte, dass sich in der U-Bahn die Sitznachbarin weggesetzt hat. Es ist Anfang März 2020, nur wenige Tage vor dem ersten Lockdown. Wir können uns noch nicht vorstellen, dass dieses gemeinsame Essen für lange Zeit das letzte gewesen sein wird, dass ich den Tisch weit über ein Jahr lang nicht mehr decken werde, dass das Geschirr im Schrank versinken, vor sich hin dämmern und von den Zeiten träumen wird, als es noch auf dem Meeresgrund lag.

Am 17. 11. 2000 las ich in der Früh in der Zeitung von dem sagenhaften Porzellanschatz Tek Sing, der noch am selben Tag in Stuttgart versteigert werden sollte. Eine knappe Stunde später saß ich im Zug. Nie zuvor war ich bei einer Auktion gewesen. Noch ein wenig später hob ich wie unter Hypnose mehrmals die Hand, und abends kehrte ich schwer beladen mit chinesischem Porzellan nach München zurück. Sechs Teller, sechs Suppenschalen, sechs Schälchen und sechs Löffel. Dabei interessiere ich mich gar nicht sonderlich für Porzellan. Warum sprang ich also wie ferngesteuert in den Zug, um nach Stuttgart zu eilen?

War es die gute Geschichte? Oder meine Liebe fürs Tauchen, für alte Seefahrer, für das japanische Gespenst Okiku, das einen kostbaren Teller zerschlug und grausam dafür bestraft wurde? Oder einfach nur meine Begeisterung für den gedeckten Tisch?

Es bleibt rätselhaft, warum wir die Dinge tun, die wir tun. Was uns im tiefsten Inneren antreibt. Welche Assoziationen und Erinnerungen sich in unseren Gedanken zu einer Handlung verknüpfen. Welchen Geschichten wir folgen und welchen nicht. In der Zeitung las ich: *1822 lief die chinesische Dschunke Tek Sing – wahrer Stern – auf dem Weg von China nach Jakarta, damals Batavia, auf eine Sandbank auf und sank.*

Das Wort Batavia erinnerte mich an Winternachmittage als Kind, wenn meine Mutter uns Balladen vorlas, unter anderem *Die Vergeltung* von Annette von Droste-Hülshoff. Von einem Korsarenschiff war dort die Rede, von einem »schwarz gelockten Fremden« und einem Schwerkranken:

> *Da hebt von morschen Balkens Trümmer*
> *Ein Kranker seine feuchte Stirn,*
> *Des Äthers Blau, der See Geflimmer,*
> *Ach, alles quält sein fiebernd Hirn!*
> *Er lässt die Blicke, schwer und düster,*
> *Entlängs dem harten Pfühle gehn,*
> *Die eingegrabnen Worte liest er:*
> *»Batavia. Fünfhundert Zehn.«*

Das Schiff sinkt, der Kranke klammert sich an einen Balken, auf dem Batavia 510 steht. Er bietet dem fast ertrinkenden Fremden an, sich ebenfalls dort festzuhalten, prompt wird er von ihm ins Wasser gestoßen und stirbt. Der Fremde überlebt, aber die Gerechtigkeit siegt: Am Ende wird er gehenkt, weil er für einen Piraten gehalten wird.

> *Und als er in des Hohnes Stolze*
> *Will starren nach den Ätherhöhn*
> *Da liest er an des Galgens Holze*
> *»Batavia. Fünfhundert Zehn.«*

Ein Schauermärchen, ein Horrorfilm. Ich verstand kaum die Hälfte, aber ich liebte diese Ballade am meisten von allen (auf Platz zwei: *Die Füße im Feuer* von Conrad Ferdinand Meyer). Beim Zuhören fühlte ich mich bereits fiebrig, sah den schwankenden Schiffsboden unter mir, die schwarzen Wellen, die mich verschlingen würden, und schmeckte Salz auf den Lippen.

Im Hallenbad Goseriede spielen wir Kinder das Drama nach. Der schönste Moment: Wenn der Mörder zum Galgen, dem Sprungturm, geführt wird und ich ihn in meiner Rolle als der gemeuchelte Kranke aus dem Jenseits im Nichtschwimmerbecken beobachten und dazu murmeln darf: Batavia 510. Unbegreiflich ist mir, wie eine Frau dieses Gedicht geschrieben haben kann. Ist sie zur See gefahren? Woher kannte sie Piraten? Hatte sie denn gar keine Angst?

Als Kind war mir das Meer unheimlich. Die graue Nordsee Mordsee. Auf der Insel Juist gab es mitten im Sommer Sturmflutwarnung. Kurz zuvor hatten wir mit unseren Eltern eine kleine Kirche besichtigt, die am Weihnachtsabend von einer Sturmflut buchstäblich verschluckt worden war, eine himmelschreiende Ungerechtigkeit vom lieben Gott. Ausgerechnet an Weihnachten!

Ich erinnere mich, wie ich im Speisesaal der Pension saß, der Regen an die Scheiben klatschte und ich überzeugt war, dass die Sturmflut bereits auf das kleine Haus zurollte und wir jeden Moment untergehen würden wie ein Schiff.

Mein Vater gab mir *Sigismund Rüstig*, *Seeteufel* und *Die Meuterei auf der Bounty* zu lesen, die Lieblingsbücher seiner Kindheit, und so verbrachte ich viel Zeit mit Männern wie Graf Luckner und Fletcher Christian auf hoher See, statt wie die anderen Mädchen in meiner Klasse mit Hanni und Nanni im Internat. Ich war seltsam.

Batavia 510.

Bei jedem Schluck Meerwasser, das ich in den Sommerferien beim Planschen in der warmen Adria verschluckte, dachte ich an den grausamen Captain Bligh, der seiner Besatzung auf der Bounty das Süßwasser rationierte, worauf sie aus Verzweiflung Seewasser trank und jämmerlich zugrunde ging.

Ich bin nicht gern auf einem Schiff.

Ich fürchte mich vor dem offenen Meer.

Aber ich bin gern unter Wasser.

Dort erscheint alles so viel friedlicher als über Wasser, ich spaziere durch eine Parallelwelt, neugierig beäugen mich die Fische, ich liege im Seegras, das sich rhythmisch und beruhigend mit dem

Wellengang bewegt, als läge ich in einer Wiege. Ich spreche die Sprache unter Wasser nicht, ich verstehe nichts und werde nicht verstanden, und genau das empfinde ich als wundervoll.

Die Tek Sing stach am 14. Januar 1822 in Amoy, China, in See mit 1600 Menschen und fast einer Million Stück Porzellan an Bord. Ziel: Batavia. Die Menschen waren fast alle Auswanderer, auf der Flucht vor der angespannten ökonomischen wie politischen Lage. Das Schiff war völlig überladen, die Verhältnisse unter Deck katastrophal. Der Kapitän nahm eine gefährliche Abkürzung, vielleicht wegen der Überladung, vielleicht, weil er Piraten fürchtete. Am 5. Februar lief die Tek Sing auf das Belvedere-Riff auf und sank. Fast alle Menschen an Bord starben. Mehr als bei dem Untergang der Titanic. Das Porzellan lag 180 Jahre auf dem Meeresgrund, bis ein australischer Schatzjäger das Wrack entdeckte und barg.

Es gibt Bilder von der Tek Sing. Sie war riesig und bunt bemalt. Ein Vogel zierte das Heck. Große, weit aufgerissene Augen waren am Bug aufgemalt, um die Dämonen des Meeres abzuschrecken.

Die Dämonen des Meeres mögen kein Weiß, deshalb trägt Tatsus Tante ein weißes T-Shirt und weiße Hosen. Sie ist professionelle Taucherin, eine *ama*, fünfzig Jahre lang ist sie jeden Tag zwanzig Meter tief getaucht, um *awabi*, Seeohren, zu ernten. Sie taucht ohne Sauerstoff, wie alle *ama*. Zum Druckausgleich pfeifen sie. Ein Pfeifkonzert über dem Wasser. Tatsu schürzt die Lippen und pfeift. Niemand im Café sieht sich nach ihr um, aber jeder weiß, dass sie gepfiffen hat, da bin ich mir sicher. Lange habe ich geglaubt, dass mir niemand in Japan zuschaut, weil sich niemand beim Zuschauen erwischen lässt.

Mit der Serviette macht Tatsu vor, wie ihre Tante ein weißes Tuch faltet und um den Kopf schlingt, bevor sie ins Wasser geht. Mit den Dämonen ist nicht zu spaßen. Mit den *ama* allerdings auch nicht. Sie gelten als frech, verrucht und männlich, weil sie schon immer unabhängig waren und ihr eigenes Geld verdienten.

Ich war gern bei meiner Tante, erzählt Tatsu, weil sie so lustig war, so laut lachte, sich nicht darum scherte, was andere von ihr dachten. Sie kam mir vor wie eine Piratin, wenn sie in ihren Gummistiefeln vor mir herstapfte und in einem alten Kinderwagen ihre Beute zum Verkauf auf den Fischmarkt schob. Das Tauchen ist gefährlich. Man kann leicht das Bewusstsein verlieren und das war's dann. Aber die *ama* können es nicht lassen. Unter Wasser spürt man die Schmerzen in den Knochen nicht, sagte meine Tante. Dafür hatte sie ständig Blasenentzündungen. Das Wasser ist eiskalt, man muss sich daran erst gewöhnen. Ich durfte anfangs nie länger als zehn Minuten im Wasser sein. Jeden Tag bin ich mit den *ama* in einem klapprigen Fischerboot hinausgefahren, der Kapitän war schon seit ewigen Zeiten dabei und beschützte sie. Er brachte mir bei, die einzelnen Taucherinnen nach den Luftblasen auseinanderzuhalten, die von tief unten an die Wasseroberfläche stiegen. Am schönsten war es immer nach dem Tauchgang, in der Hütte der *ama* am Hafen, wo sie ihre weiße Kleidung aufhängten, sich am Feuer aufwärmten, zusammen aßen, sich schminkten und kämmten, ein Nickerchen hielten. Wenn ich mit meiner Tante nach Hause ging, verwandelte sie sich in eine ganz normale Hausfrau, die sich um die Tochter und den Haushalt kümmerte. Stolz hat sie erzählt, dass sie noch am Tag der Entbindung tauchen war, und dass den *ama* die Geburten leichtfallen, weil sie … Ich weiß nicht mehr, warum. Meine Großmutter hat noch nach Perlen getaucht. Über dem kleinen Haus meiner Tante kreischten die Möwen wie zur ständigen Erinnerung an die andere, große, freie Welt unter Wasser.

Als *ama* verliert man jede Weiblichkeit, hat meine Mutter immer gesagt, man wird grob, bekommt eine tiefe Stimme, eine ledrige Haut, man ist nicht Mann, nicht Frau.

Beides eben, lachte meine Tante. Ich bin beides! Besser kann man es doch nicht haben, oder? Ich tauche weiter, bis ich nicht mehr laufen kann. Wenn ich nicht im Wasser bin, leidet mein Körper, wie ein Fisch auf dem Trockenen.

Sie ist letztes Jahr mit vierundachtzig gestorben, an einer Blinddarmentzündung. Sie hat die Schmerzen nicht ernst genommen. Alle *ama* tauchen bis ins hohe Alter. Wenn sie nicht dabei umkommen. Meine Großmutter hatte ihren Töchtern verboten, *ama* zu werden. Meine Tante hörte nicht auf sie, anders als meine Mutter. Die ging nach Tokio auf die Sekretärinnenschule und träumte von einer klassischen Kleinfamilie mit einem Mann, der sein Leben lang im dunklen Anzug und weißen Hemd ins Büro stapfte, während sie sich um Kind und Haus kümmerte und Romane las. Oder mit Aktien spekulierte wie andere Hausfrauen. Ein beschauliches und ordentliches Leben über Wasser schwebte ihr vor. Stattdessen wurde sie von ihrem ersten und einzigen One-Night-Stand schwanger, sah den Mann nie wieder und zog mich allein auf. Schlug sich mit Jobs als Putzfrau und Verkäuferin in *konbinis* durch, weil es dort im Gegensatz zu Sekretärinnenstellen Teilzeit gab. Manchmal kam meine

Tante, die wilde Meerfrau, in die Stadt und zog mit ihr um die Häuser. In den Schulferien nahm sie mich mit ans Meer und brachte mir Schwimmen und Tauchen bei. Sie sagte mir, dass Frauen mit ein bisschen Speck auf den Rippen besser vor der Kälte des Wassers geschützt sind.

Unter Wasser wurde ich von niemandem beurteilt, kommentiert, bewertet, begutachtet, abgeschätzt, gedeutet, bemessen, abgewogen, gesichtet, abgesondert, diagnostiziert, erörtert. Tatsu liest die deutschen Wörter von ihrem Handy ab. Erörtert ist ein gutes Wort, sagt sie. So wie man einem Ort, den man besucht, eine Note gibt, einer Sehenswürdigkeit eine gute und einem uninteressanten, öden Ort eine schlechte. So ein Ort war ich. Ich konnte es in den Augen der anderen sehen. Sie glitten über mich hinweg, bis sie etwas Interessanteres fanden. Und je älter ich wurde, desto schneller gingen sie über mich hinweg. Immer öfter hielt ich mich bei meiner Tante und unter Wasser auf. Ich mochte die anderen *ama,* dicke, dünne, alte, junge Frauen, sie waren so anders, frei von Zwängen, abenteuerlustig, unverschämt und auch ein wenig erschreckend. In ihren weißen Anzügen sahen sie für mich aus wie Gespenster. Meine Tante sagte immer, unter Wasser sei sie eine andere. So ähnlich fühlte ich mich auch, leicht, schwerelos. Meine

Tante warnte mich, ich könnte süchtig werden nach dem Tauchen.

Als ich dreizehn wurde, durfte ich meine Tante nicht mehr besuchen. Meine Mutter hatte Angst, ich könnte ihr entgleiten. Zu wild werden. Zu frei. Keinen Plan mehr haben für mein Leben, aufhören, Klavier zu spielen und zu singen.

Darf ich mir Notizen machen?, frage ich Tatsu. Deine Geschichte ist so besonders.

Sie zögert. Ich hab das alles nie jemandem erzählt.

Darf ich?, wiederhole ich. Ich möchte es gern aufschreiben.

Als ich Tatsus Mutter kennenlerne, ist sie schon sehr alt und von Osteoporose gekrümmt. Bei unserem ersten Treffen in einem Park hält sie eine riesige Chanel-Handtasche auf dem Schoß. Sie sammelt sie und besitzt zwölf Stück, wie sie mir stolz erzählt.

Sie lebt immer noch allein in einem winzigen, schönen alten Holzhaus in einer schmalen Straße wie auf dem Dorf, mitten in der Millionenstadt Tokio. Vor den Türen der kleinen Häuser stehen Blumenkästen mit Geranien und Kräutern, Gummistiefel und Regenschirme, Dreiräder und Rollatoren. Nach ihrem Tod wird das Haus innerhalb von zwei Wochen abgerissen und muss einem hässlichen Apartment-Haus weichen. Das geschieht überall in Tokio. Eine ganze Ära geht mit dem Abriss dieser alten Häuser zu Ende, ein ganzer Kosmos von Familienleben und Architektur, wie ich ihn aus den Filmen von Ozu, Koreeda und den Manga-Geschichten von Taniguchi kenne.

Die Zimmer werden mit Schiebetüren verkleinert und vergrößert, im Sommer öffnen sie sich zu einem kleinen Garten hin wie ein zusätzliches Zimmer. In diesen Geschichten sitzt man auf den Tatamis und wedelt sich Luft zu, trinkt kalten grünen Tee, redet über die Pflanzen im Garten und ihren Gesundheitszustand wie über Familienmitglieder. Es wird fast immer gegessen und getrunken, auf dem niedrigen Tisch stehen Teller und Schüsselchen in allen Farben und Formen. Nebenbei werden Schicksale verhandelt, diskutiert, betrauert und manipuliert. Ständig wird der Tisch gedeckt und wieder abgedeckt. Geschichten aufgetischt.

Später drehen wir in Fukushima in einem ganz ähnlichen, vom Tsunami und dem Erdbeben von 2011 fast zerstörten alten Haus einen Kinofilm. Als wir die *fusuma*, die Schiebetüren, wieder einsetzten, entstand nicht nur ein Raum, sondern auch die Möglichkeit, die Landschaft mit einzubeziehen in

die Geschichte der Katastrophe. Eine Tür zu schlie-
ßen oder zu öffnen ist etwas anderes, als eine *fusuma* zu- oder aufzuschieben.

Es ist Winter, als ich mit Tatsu ihre Mutter be-
suche, und so kalt, dass ich drinnen meinen Atem
sehen kann. Das Wohnzimmer ist leer bis auf einen
niedrigen Tisch mit Sitzkissen in der Mitte und ein
Klavier in der Ecke. Die Tatamis riechen immer
noch ein wenig nach Reisstroh. Unter dem niedrigen Tisch steht ein kleiner Heizstrahler, auf dem
Tisch liegt eine dicke Tischdecke, eine *kotatsu*, die
bis zum Boden reicht und unter die man seine
Beine streckt, um wenigstens sie ein wenig zu wärmen. Dauernd verbrenne ich mir die Füße am
Heizstrahler, während mir von der Taille aufwärts
alles gefriert. Es gibt *nabe*, Tatsus Mutter stellt den
Campingkocher auf den Tisch, wirft ihn an, die
Flamme züngelt blau, ich halte meine kalten Hände
darüber.

Tatsu murmelt, sie wünschte, ihre Mutter würde
auf den Campingkocher verzichten, sie habe jedes
Mal Angst, dass sie das Haus abfackelt. Alle fünf
Minuten kämpft sich die Mutter aus der dicken
Decke, läuft eilig in die Küche und holt eine weitere
Zutat herbei, die sie in den Topf wirft. Ihre Beine
haben sich mit den Jahren zu einem O verformt,
ihr Rücken ist tief gebeugt, ihre Finger sind knotig,

aber keine Silbe einer Beschwerde kommt über ihre Lippen. Jede Hilfe lehnt sie ab. Zufrieden sieht sie zu, wie wir essen.

Sie deutet auf mich: So groß, sagt sie, so groß. Und dann deutet sie auf Tatsu und sagt ein Wort, das ich nicht verstehe. Sie wiederholt es noch ein paarmal, bis Tatsu übersetzt: Sie sagt, ich bin fett. Fett wie ein Schwein.

Das hat sie nicht gesagt.

Doch. Sie hat mich immer ihr kleines Schwein genannt. *Porky Pig.* Wie im Comic. Sie liebt amerikanische Comics – und Porky Pig.

Als Tatsus Mutter wieder in die Küche eilt, flüstert Tatsu mir zu: Iss langsam, damit ich nicht so lange Klavier spielen muss. An diesem Klavier hat sie schon als Kind geübt, unter der strengen Aufsicht der Mutter, die überzeugt war, dass Tatsu mit ihrer Figur nie einen Mann finden würde und ihre einzige Chance zu überleben darin bestand, Musikerin zu werden. Denn Tatsu hatte Talent. Die Strenge der Mutter führte zwar zu Tatsus Erfolg, aber auch zu ihrem Wegzug in ein fernes Land. Das hatte ihre Mutter sich nicht so vorgestellt. Mit einem Mal war sie ganz allein. Ohne Kind. Ohne Mann. Eine Frau allein in einer großen Stadt.

Ich habe nie darüber nachgedacht, wie es ihr

wohl gegangen ist, so allein. Nie. Ich habe sie auch nie aus Deutschland angerufen, nur selten geschrieben. Und was ich geschrieben habe, war alles gelogen. Wenn ich ihr geschrieben hätte, wie ich wirklich in Hannover gelebt habe, hätte sie der Schlag getroffen.

Ein einziges Mal hat sie mich in Deutschland besucht. Nicht in Hannover. Ich habe für uns beide eine Busreise nach Neuschwanstein gebucht, dem japanischen Sehnsuchtsort. Dort standen wir stundenlang in der Schlange, und meine Mutter war, außer von König Ludwigs Schwanenbett, eher enttäuscht. Ich auch, nebenbei. Wirklich glücklich machte meine Mutter am Ende nur das Hofbräuhaus in München, das auf sie wirkte wie eine überdimensionierte Version einer heimatlichen Kneipe, einer *izakaya*. Sie trank eine ganze Maß Bier und aß zwei Paar Weißwürste.

Tatsus Mutter hat verstanden, dass Tatsu mir von ihrem Besuch des Hofbräuhauses erzählt. Ihre Augen leuchten, als sie mir vormacht, wie sie die Weißwürste gepellt hat. Wie ein Kondom, ruft sie, wie ein Kondom! Sie will sich ausschütten vor Lachen.

Tatsu verdreht die Augen.

Ach, mein Mädchen kritisiert mich mal wieder, fährt die Mutter fort. Aber das war damals gar nicht mehr mein Mädchen. Das war ein Gespenst. Meine Tatsu ist in Deutschland geblieben, und ihr Gespenst kam zurück nach Japan. Ganz dünn war sie geworden, ich hab sie gar nicht wiedererkannt. Aufgepäppelt hab ich sie mit *okonomiyaki* mit Mayonnaise, ihrem Lieblingsessen.

Um ihre Mutter zu unterbrechen, wühlt Tatsu sich aus der Decke und setzt sich ans Klavier. Sie spielt und singt ein Schubert-Lied, stumm spricht die Mutter die deutschen Wörter mit, ohne sie zu verstehen: *Wie blitzen die Sterne so hell durch die Nacht! Bin oft schon darüber vom Schlummer erwacht.*

Ich habe keine Ahnung, warum, aber Schubert passt nach Japan. Mozart nicht. Wenn ich in Japan Mozart höre, bleibe ich mit ihm in Europa. Schubert aber klingt in Japan heimisch. Wie Murmeln rollen seine zierlichen Töne über die Tatamis, und wenn man sie in sich aufnimmt, verwandeln sie sich in pure Melancholie. *Mono no aware.* Traurige Heiterkeit, eine japanische Grundstimmung.

Tatsu wollte mit Schuberts Musik an die Quelle zurückschwimmen, nach Deutschland, das sie sich frei und munter vorstellte wie einen dahinplätschernden Bach. Sie wollte nicht länger in Japan gegen den Strom schwimmen wie die metaphorische

Schildkröte und sich das Leben unnötig schwer machen. Sie wollte raus, raus, raus, in ein Land, das sie sein ließ, wie sie vielleicht wirklich war. Weg von ihrer Mutter, die sie mit ihrem Ehrgeiz erdrückte und Klavier üben ließ, bis ihr fast die Finger abfielen, die unermüdlich davon träumte, dass aus ihrem kleinen Porky Pig eine *uguisu* würde, eine japanische Nachtigall. Sie stopfte Tatsu mit Essen voll, um ihren Klangkörper zu vergrößern, wie sie behauptete, und kritisierte gleichzeitig ihre Figur. Ich schaffe es nicht, ein hübsches Kind aus dir zu machen, stöhnte sie, ich schaffe es einfach nicht. Aber wenn schon nicht hübsch, dann wenigstens erfolgreich! Als Tatsu mit sechs Jahren in einem Gesangswettbewerb nur den fünften Platz belegte, weinte die Mutter die ganze Nacht: Ich habe versagt.

Tatsu sprach kein Wort Deutsch, als sie sich mit der Hilfe ihrer Gesangslehrerin an Musikhochschulen in Deutschland bewarb. Die Texte der deutschen Lieder lernte sie phonetisch, mit einem Sony-Kassettenrekorder nahm sie ihre Bewerbung auf. Zur gleichen Zeit nahm ich mit meinem Sony-Kassettenrekorder, der mich mit besonderem Stolz erfüllte, weil er aus einem fernen Land kam, die Hitparade des *American Forces Network* AFN auf und träumte mich sehnsüchtig nach Amerika.

Als Tatsu wider Erwarten in Hannover angenommen wurde, musste sie in kürzester Zeit die Sprache lernen. Ihre Mutter arbeitete zu dieser Zeit als Putzfrau im Goethe-Institut von Tokio, was praktisch war, denn so bekam Tatsu einen Vorzugspreis für die teuren Deutschkurse. Während ihre Mutter Teppiche saugte und Papierkörbe ausleerte, büffelte Tatsu die seltsame deutsche Grammatik, die Verben und Personalpronomen an alle möglichen Stellen stellt, nur nicht dahin, wo sie im Japanischen stehen.

Ich habe in diesem Goethe-Institut, im *doitsu bunka*, ein paar Jahre später meine Filme vorgeführt und mit meinem kleinen Kind im Keller in der Gästewohnung gewohnt. Lange Zeit dachte ich, dass das japanische Wort *bunka* Bunker bedeutet, denn so sieht das Gebäude aus, ein unförmiger Klotz aus rotem Klinker und Beton, aber *bunka* heißt Kultur. Tatsus Mutter arbeitete zu meiner Zeit immer noch dort, vielleicht war es sogar sie, die mir jeden Tag einen frischen *yukata* aufs Bett legte und das riesige Badezimmer, das zu der kleinen Gästewohnung gehörte, putzte. Mein Kind und ich waren in Japan im Exil, denn mein Mann kämpfte sich durch immer neue Chemotherapie-Runden, und wir beide wurden immer gefährlicher für sein angeschlagenes Immunsystem. Er wollte gern eine Weile allein sein in seinem Kampf, wie er behauptete, vielleicht war es ihm auch zu anstrengend, für uns weniger verzweifelt zu erscheinen, als er war. Oder meine Verzweiflung zu ertragen. Im Flur des Goethe-Instituts hing ein riesiges rosa Münztelefon, von dem ich ihn jeden Abend anrief und in das wir beide für viele Yen pro Minute weinten.

Nachts, wenn mein Kind neben mir schlief, las ich *Kwaidan,* die gesammelten japanischen Gespenstergeschichten von Lafcadio Hearn. Ich lernte, dass japanische Geister und Gespenster einen ganz eigenen Kosmos bewohnen mit verschiedenen Kategorien. Es gibt die gefährlichen Geister, die eines gewaltsamen Todes gestorben sind und nicht glauben können, dass sie tot sind, sie heften sich an die Lebenden und machen ihnen das Leben schwer. Es gibt die Traurigen, die ungerecht behandelt wurden und wehklagend umherziehen oder sich grausam rächen. Meist sind dies Frauen, die man am zuverlässigsten daran erkennt, dass sie keine Füße haben. Mein Lieblingsgespenst war Okiku, die bei einem Samurai als Hausmädchen arbeitete und auf eine Sammlung von zehn wertvollen Tellern aufpassen sollte, die sie jeden Tag vorsichtig abstaubte. Der Samurai hatte ein Auge auf sie geworfen und machte ihr eindeutige Angebote, die sie stets ablehnte, worauf er so wütend wurde, dass er einen wertvollen Teller aus der Sammlung versteckte und drohte: Wenn Okiku sich ihm nicht hingäbe, würde er der Hausherrin erzählen, Okiku habe den Teller gestohlen. Okiku wusste vor Verzweiflung nicht ein noch aus, stürzte sich in einen Brunnen und starb.

Es gibt verschiedene Versionen dieser herzzerreißenden Geschichte. Mal zerschlägt die Hausherrin den kostbaren Teller aus Eifersucht und beschuldigt Okiku, mal macht Okiku den Teller aus Versehen kaputt und wird dafür in den Brunnen geworfen. Aber in allen Versionen rächt sie sich, geistert schluchzend Nacht für Nacht vor dem Haus des Samurais umher und treibt ihn und seine Frau in den Wahnsinn. Nacht für Nacht zählt Okiku die Teller ab, von eins bis neun, nur den zehnten nennt sie nicht, den verschwundenen Teller, den Grund ihres schaurigen Schicksals. In Japan kennt sie jeder, die arme, ungerecht behandelte Okiku.

1973 kommt Tatsu mit knapp achtzehn nach Hannover und wohnt in einem Studentenheim in Herrenhausen, das die wildesten Partys der ganzen Stadt schmeißt. Ich tanze mich dort ins Delirium, Tatsu ein paar Stockwerke über mir verlässt fast nie das Zimmer, außer für den Unterricht. Während ich tanze, knutsche, kiffe, sitzt sie in ihrem kleinen muffigen Zimmer und macht tapfer ihre Gesangsübungen, obwohl ihr so gar nicht nach Singen zumute ist. Sie hatte sich vorgestellt, sie käme im Herkunftsland der Musik, die sie singt, auf wundersame Weise nach Hause, aber sie ist schockierend einsam und fühlt sich fremd. Sie versteht kaum ein Wort, obwohl sie doch so fleißig die Sprache gelernt hat und man ihr im Goethe-Institut in Tokio ständig erzählt hat, dass man in Hannover das beste Deutsch spricht. Und die Stadt ist so schmutzig! Überall liegt Hundescheiße! Und dauernd wird man angerempelt, alle schreien und lachen laut, besonders die jungen Frauen, kommt es Tatsu vor. Sie tragen Miniröcke, die kaum den Po bedecken, oder Hotpants, knutschen mit langhaarigen Männern mit wilden Bärten und lassen die Türen im Studentenheim offen stehen, wenn sie mit ihnen im Bett liegen.

Aus der Nähe betrachtet kommt Tatsu dieses Land ganz und gar nicht romantisch, sondern nur noch hässlich und grob vor, genauso wie das Essen, das man hier verschlingt. Unförmig. Unästhetisch. Ungesund. Wie kann man sich so viel widerliches Zeug auf den Teller laden? Wie die fetten Würste vertragen, den grünen Salat mit Zucker, die Berge von Kartoffelbrei mit brauner Soße? Allein der grüne Wackelpeter in der Mensa hat es ihr angetan, sie ernährt sich fast ausschließlich von ihm, von Süßigkeiten vom Kiosk und Reis, den sie in der Gemeinschaftsküche in ihrem mitgebrachten Reiskocher kocht, was wegen des wackligen Adapters regelmäßig zu Kurzschlüssen führt.

Sie ist die einzige Studentin aus Japan und wird ständig mit zwei Studentinnen aus Korea verwechselt, die im Gegensatz zu ihr die Haare in einem perfekt geschnittenen Bob tragen und klein und zierlich sind, wie es dem deutschen Klischee der asiatischen Frau entspricht. Niemand kann sich merken, wer Tatsu ist und woher sie kommt. Ihren Namen spricht keiner richtig aus, man nennt sie Tatze. Die Tatze. Tatsu stellt sich eine weiche Katzentatze vor und versucht, sich mit dem Namen anzufreunden. Mit schwarzem Filzer malt sie fünf schwarze Punkte auf ihre Tür. Hier wohnt die Tatze.

Im deutschen Café in Kyoto holt Tatsu einen Stift aus ihrer kleinen Chanel-Handtasche – ein Geschenk der Mutter – und malt fünf Punkte auf eine Serviette. Gibt sie mir.

Ein Autogramm von der Tatze. Sie lächelt. Tatsu heißt übrigens Regen und Drache.

Wie passt das zusammen?, frage ich. Ein Drache im Regen?

Tatsu denkt ernsthaft nach. In Hannover hat es sehr viel geregnet, sagt sie dann. Auch im Sommer. Ich habe nie von meiner Zeit in Hannover geredet. Und ehrlich gesagt verstehe ich nicht, warum ich Ihnen jetzt davon erzähle.

Wollen wir uns nicht duzen, frage ich, als zwei Hannoveranerinnen?

Zwei Hannoveranerinnen, wiederholt sie. Ja, das ist seltsam. Zwei Hannoveranerinnen in Kyoto.

Sie verbeugt sich leicht, ich mache es ihr nach.

Okay, nur weil du aus Hannover stammst, darfst du es aufschreiben. Was ich erzähle, wird in deinem Kopf sowieso zu einer anderen Geschichte. Und wenn du sie erzählst, verändert sie sich wieder. Und wenn sie jemand hört oder liest, wieder. Die Wahrheit über mich verschwindet wie ein Tropfen Tinte in einem Glas Wasser.

Meinst du denn nicht, dass man eine Geschichte wahrheitsgemäß wiedergeben kann?, frage ich.

Tatsu seufzt. Ich weiß ja selbst schon nicht mehr, was an meiner Geschichte stimmt und was ich mir nur eingebildet habe. Ich erinnere mich an ein dickes einsames Mädchen in einer fremden Stadt. Dabei sah Hannover auf den ersten Blick gar nicht so fremd aus, es hat mich an ähnlich hässliche Städte in Japan erinnert.

Das ist andersherum genauso, sage ich. Fukuoka zum Beispiel hat mich sofort an Hannover erinnert.

Fukuoka! Ausgerechnet! Wer kennt denn Fukuoka?

Es liegt an der Nachkriegsarchitektur, sage ich, an all den billig und schnell gebauten Häusern, dem allgegenwärtigen Waschbeton, den grauen Fußgängerzonen mit ihrer Abwesenheit von Stil und Schönheit. In Hannover wie in Fukuoka.

Tatsu nickt. Ich finde es seltsam beruhigend, dass Sie, Entschuldigung, du, auch das hässliche, normale Japan kennst. Und den Aegi. Dass du weißt, wohin die Straßenbahnlinie 5 in Hannover fährt und die Ginza-Linie in Tokio. Vielleicht kennst du sogar den japanischen Ahorn im Berggarten in Herrenhausen, von dem man mir immer wieder erzählt hat, als müsse ich unbedingt diesen einen japanischen Baum anschauen, um vor Heimweh nicht zu vergehen. Aber ich hatte gar kein Heimweh nach Japan, sondern nur nach einem Deutschland, wie ich es aus den Liedern kannte. Ein Land mit Gemüt.

Sie singt *leise zieht durch mein Gemüt …*, bricht ab, lacht, hält sich, typisch japanisch, die Hand vor den Mund.

Welche Geste ist an mir typisch deutsch?, frage ich.

Du schlägst die Arme unter, sagt sie, das wirkt aggressiv. Und männlich.

Nicht *kawaii*, sage ich, nicht süß.

Nein, *kawaii* bist du nicht. Tatsu grinst. Und ich bin es auch nicht. War es nie und wollte es auch nie sein. Meine Mutter hatte so große Angst, ich könnte werden wie ihre Schwester, ein Mannweib mit schuppiger Fischhaut. Kein Mann will eine *ama*. Und auch wenn du keine *ama* bist, kann ein Mannweib aus dir werden, wenn du nicht aufpasst. Nimm nicht zu viel Platz ein! Geh wie eine Frau! Sitz wie eine Frau! Iss wie eine Frau! Lach wie eine Frau!

Das hat mir in Deutschland gefallen: Ich musste nicht mehr *kawaii* sein, denn niemand ist dort *kawaii*. Ich durfte gehen, sitzen, liegen, wie ich wollte. Seltsamerweise fanden mich dennoch alle süß. Tatze, du bist so süß! So putzig, drollig, wie eine Puppe, einfach süß. Das war das Wort, das ich am meisten gehört habe: süß.

Kurz nachdem Tatsu nach Hannover gekommen ist, gehe ich weg aus Hannover, nach Kalifornien. Meine Vorstellung von Amerika stammt aus Filmen und der Musik. Ich kenne alle Songs der Doors auswendig und weiß, welche Klamotten die Hippies tragen, wie die Telefone in Amerika klingeln, wie die Highways aussehen und dass man in amerikanischen Autos bequem Sex auf dem Rücksitz haben kann, was in einem vw Käfer eher schwierig ist. Ich weiß noch nicht, wie fremd ich mich dort fühlen werde und wie viel Energie es mich kosten wird, mich anzupassen, als ich am Flughafen Hannover durch die Passkontrolle gehe und mich, um nicht in Tränen auszubrechen, nicht mehr nach meiner Mutter umdrehe, was sie als besonders abgebrüht und herzlos interpretiert.

Kaum in der Uni angekommen, gehe ich bereits mit den ersten Männern ins Bett. So habe ich das in Hannover gelernt. Wer zweimal mit demselben pennt, gehört schon zum Establishment. Nichts ist schlimmer, als verklemmt zu wirken, bürgerlich, spießig. Das Wort cool gibt es noch nicht. Man geht erst ins Bett und redet später. Wenn überhaupt. Das produziert auf der einen Seite immensen Druck, auf der anderen die erstaunliche Erkenntnis, dass man sich beim Sex eher verhüllen kann, als wenn man sprechen und eigene Meinungen und Vorstellungen äußern müsste. Man kann geheimnisvoll bleiben. Die Dinge ergeben sich. Oder nicht. Ich leide im Stillen. Sitze neben dem Telefon und warte. Deute kleine Gesten und Sätze als Liebeserklärungen. Verzehre mich vor Sehnsucht und unerfüllten Fantasien. Im Grunde genommen nicht anders als die Frauen in den Generationen vor mir. Der einzige Unterschied: mehr Sex. Die Männer sind keine guten Liebhaber. Die meisten haben keine Ahnung. Ich erfülle ihre Bedürfnisse, nicht unbedingt meine, die ich kaum äußere. Ich träume, aber meine Träume sind diffus, sie dürfen auf keinen Fall einen Prinzen beinhalten, eine feste Bindung. Alles soll im Fluss bleiben, was bedeutet, dass ich flexibel zu sein habe. Und nicht jammern darf, wenn ich nicht bekomme, was ich will. Denn das ist spießig.

Ich schreibe ungefiltert nach Hause: *Liebe Family, das Wochenende ist fast überstanden. Mein lieber Schwan, mein erstes reguläres College-Wochenende. Am Freitagabend flippen alle aus und schreien wie angestochen: it's party time, kids!!! und rennen auf dem Campus herum. Es gab free ice cream und Schweinchen Dick wurde in der Cafeteria gezeigt. Es war wirklich zum Totlachen, alles schreit: Come on, Porky Pig, go get him! Roadrunner, run, run, run! Diese Cartoons scheinen vielen hier vertrauter zu sein als die eigenen Eltern. Wenn ich erzähle, dass ich keine Comics lesen durfte, weil meine Eltern sie zu brutal fanden, kriegen alle ganz große Augen vor Staunen.*

Ich hatte bald Blake aufgerissen, weil ich mich gleich neben ihn gesetzt hatte, und wir tobten von einer Fete zur nächsten bis sechs Uhr früh. Blake ist zeitweise riesig nett, und dann scheint er mich wieder überhaupt nicht zu bemerken. Wie heute Abend. Vor Wut bin ich schon um zwei Uhr ins Bett gegangen. Wenn ihr wüsstet, wie göttergleich er aussieht!

Ich rede Tag und Nacht mit Leuten. Jasper, einem Studenten aus Chicago, versuchte ich eine ganze Stunde lang klarzumachen, dass Deutschland geteilt ist, und dass es keinen McDonalds (das ist so eine berühmte Drugstorekette) in Deutschland gibt. Er konnte es nicht fassen. Der einwandfrei interessanteste Typ ist Bobo, schon im 4. Jahr, sauintelligent. Er bemüht sich, mir Amerika näherzubringen. Habt ihr jemals den Film ›Denn sie wissen nicht, was sie tun‹ gesehen mit James Dean? So geht es wohl in den amerikanischen boarding schools bis heute zu. Man haut sich mit langen Peitschen, schlägt sich gegenseitig die Zähne aus und baut mit Absicht Motorradunfälle. Bobo hat heute noch tiefe Narben. Wer nicht mitmacht, wird untergebuttert. Bobo hat schon so ziemlich alles mitgemacht. Er hat gefixt, war in Indien, hatte Hepatitis, war dort zwei Monate im Krankenhaus, ist fast an einer Überdosis Kokain gestorben. Vielleicht sieht er deshalb auch so alt aus, wie dreißig. Jetzt will er Rechtsanwalt werden. Und obwohl er den totalen Außenseiter gibt, liebt er die USA heiß und *innig. Jeder will hier so kaputt wie möglich wirken, aber am Ende sind doch alle good american kids. Freitag durfte ich den goldenen Mercedes 280 SE von Bobo fahren, der eigentlich seiner Mutter gehört. Wir schwammen um 2 Uhr morgens im Uni-Pool und redeten, bis die Sonne aufging und wir in unsere Seminare mussten. Ich hätte gern geschwänzt, aber das macht hier kaum jemand. Merkwürdig, dass alle, obwohl sie solche freaks sind, arbeiten wie die Ochsen. Da herrscht eine für mich ziemlich ungewohnte Selbstdisziplin. Sehr oft hört man: sorry, I can't come, I have to study. Rumhänger und Nichtstuer gibt es nicht. Warum weiß ich nicht, denn wenn du Geld hast, brauchst du doch nie mehr wieder was zu tun! But they are a lot more ambitious than we Preußen. Sie glauben mir nicht, wenn ich erzähle, dass wir an der Schule und Uni meistens rumhängen und gammeln. Für sie heißt deutsch sein arbeiten, bis man umfällt. Manchmal fühle ich mich so fremd! Und alle finden mich soooooooo interesting, weil ich aus Europa komme, die einzige Europäerin auf dem ganzen Campus. Ich sehe auch so anders aus! Ich rasiere mir nicht die Achseln, oh Gottogott!*

Ich habe mir jetzt, weil meine dünnen Jeans ihren Geist ganz unvermittelt aufgegeben haben, blau-weiß gestreifte Overalls gekauft. Sie sind ein-

*fach klasse. Drei Nummern zu groß, aber irrsinnig
praktisch, und total amerikanisch, und ich trage sie
jetzt jeden Tag. Fast. Ich war recht erstaunt, als gestern der doch so progressive Bobo fast ausflippte, als
er mich in einem Kleid sah. Immerzu wiederholte
er: God, Doris, you look so different! I never want
to see you in those overalls again. Worauf ich aus
Trotz sofort zu meinen Overalls zurückkehrte, was
ich ein bisschen bereue, denn es ist bullenheiß jeden
Tag. Zwischen 95 und 100 Grad Fahrenheit, keine
Ahnung, was das genau ist, aber fühlt sich an wie
50 Grad Celsius.*

*Aus Europa und Deutschland erfahre ich fast
nichts. Im San Francisco Chronicle geht es drei Seiten lang um die Gesundheit von Richard Nixon,
aber internationale Nachrichten Fehlanzeige. Und
wie geht es euch so im aufregenden Hannover?*

In Hannover bekommt Tatsu Gesangsunterricht
von Herrn Wolfgang Langner, von allen Wolle genannt. Tatsu nennt ihn Herr Wolle, er ist fünfzehn
Jahre älter als sie, trägt einen bestickten Lammfell-
mantel aus Afghanistan und sein blondes Haar
lang. In seiner Freizeit hört er die Allman Brothers,
Jefferson Airplane und Jimi Hendrix, an der Musikhochschule unterrichtet er Liedgesang. Nur
zähneknirschend hat er eine feste Stelle angenom-

men, weil er zwei kleine Kinder hat mit Michi, die aus einem reichen Elternhaus stammt, aber das Geld der Bourgeoisie ablehnt. Meistens zumindest. Sie leben in einem schicken Bungalow, den ihre Eltern gekauft haben. Sogar mit Pool im Garten.

Du bist so süß!, ruft Michi, als sie Tatsu zum ersten Mal sieht. Wie ein Monchhichi!

Tatsu kann die Monchhichi mit dem Schnullerdaumen nicht ausstehen, die aus Japan stammen und gerade erst den Weltmarkt erobern. Sie fragt sich, ob Michi weiß, dass der Name »mein kleines Äffchen« bedeutet. Michi trägt ein gehäkeltes Hemdchen über ihrem nackten Busen, und Tatsu gibt sich größte Mühe, nicht zu starren.

Na, dann nehmen wir den Monchhichi mal unter unsere Fittiche, ruft Michi, während sie Tatsu fest umarmt und gar nicht mehr loslässt.

Ich habe das Wort »Fittiche« im Wörterbuch nachgeschaut, sagt Tatsu. Ein großer Vogel breitete seine Flügel aus, und wie ein Küken schlüpfte ich darunter. Ich durfte an ihrem Tisch Platz nehmen, als gehörte ich dazu, ein ziemlich notdürftig gedeckter Tisch, wenn ich ehrlich bin. Michi warf einfach Teller und Besteck in die Mitte, und jeder nahm sich, was er brauchte. An meinem ersten Abend gab es Fisch in einer Aluschachtel, das weiß ich noch.

Schlemmerfilet à la Bordelaise, werfe ich ein. Das gab es bei uns auch oft. Heiß geliebt. Es roch nach Fett und Kräutern, und das Beste war der festgeklebte knusprige Rand an der Aluschachtel.

Schlemmen, sagt Tatsu, ein seltsames Wort. Es klingt, als würde man sich wohlig im Schlamm wälzen. Wie ein zufriedenes kleines Ferkel. So fühlte ich mich mit einem Mal. Nach Monaten ganz allein in meinem Zimmer im Studentenwohnheim saß ich mit vier Menschen an einem Tisch, wie eine richtige Familie. Meine Mutter und ich waren immer nur zu zweit gewesen, wir waren Versager, bloß eine amputierte Familie. Über meinen Vater hat meine Mutter nie ein Wort verloren, als sei er ihr abhandengekommen wie ein Regenschirm.

Es gab also dieses Schlemmerfilet, und direkt gegenüber von mir auf der Kommode stand die Porzellanfigur einer grinsenden asiatischen Frau mit dickem Bauch, lang gezogenen Ohren und Dutt auf dem Kopf, die die Zunge rausstrecken und mit Kopf und Armen wackeln konnte. Eine sogenannte Wackelpagode, wie man mir erklärte, und sehr, sehr wertvoll. Michi betonte das immer wieder. Teurer fast als ein Auto. Meissener Porzellan. Ein Erbstück ihres Großvaters.

Wie du! Wie du! Genau wie du!, riefen die Kinder und deuteten auf die Figur und auf mich, und ehe ich mich versah, habe ich tatsächlich diese blöde Figur nachgemacht, meine Haare zu einem Dutt zusammengebunden, die Zunge rausgestreckt und mit dem Kopf und den Armen und meinem dicken Bauch gewackelt. Die Kinder lachten und konnten gar nicht genug bekommen. Michi kicherte. Selbst Wolle lachte laut. Wieder und wieder musste ich diese blöde Figur nachmachen. Und was soll ich sagen? Ich war glücklich, weil ich sie glücklich machen konnte.

Ich habe Wackelpagode gegoogelt, weil ich mir nichts darunter vorstellen konnte. Johann Kändler, der wichtigste Modelleur in Meißen, hat 1730/31 diese Figur für das Japanische Palais von August dem Starken geformt, sie wurde so beliebt, dass es bald männliche und weibliche Pagoden in verschiedenen Größen gab. Die Bezeichnung »Pagode« ist ein komplettes Missverständnis. Das Grimmsche Wörterbuch bezeichnet als Pagode einen asiatischen Götzentempel mit Götzen, die mit dem Kopf wackeln. Wieso? Keiner weiß es. Ursprünglich war wohl ein Bettelmönch gemeint, der mit den Händen bittend nach oben zeigt. Kändler hat die Handflächen aber nach unten zeigen lassen, und das blieb bei allen folgenden Pagoden so. Als Nippes waren sie weit verbreitet, je fratzenhafter, desto beliebter.

Und teurer. Friedrich der Große bestellte in Meißen »10 Bajoden mit wackelnden Köpfen à 1 Fuß hoch« für sein Schloss Sanssouci. Und als 1915 der neue Leipziger Hauptbahnhof eröffnet wurde, gehörte in einem Wartesaal für den Adel auch eine große Wackelpagode dazu. Sie sind immer noch zu kaufen, inzwischen werden sie als »lächelnde Buddhafiguren« bezeichnet. Es gibt sie aus Meißen als »limitierte Meisterwerke« für 7490 Euro bei 16,8 Zentimeter Größe, 9990 Euro bei 21 Zentimetern, und bei 38 Zentimetern heißt es: »Preis auf Anfrage«.

Tatsus Erzählung bricht ab. Mit dem kleinen Finger tupft sie die Krümel ihrer Schwarzwälder Torte auf und schweigt vor sich hin. Ich wage nicht, sie erneut auf die Wackelpagode anzusprechen, und bestelle einen weiteren Kaffee, stolz, dass ich mittlerweile die korrekte Form gelernt habe: *ippai no kohi*. Die Zahlwörter auf Japanisch richten sich nach der Form des Objekts. Es gibt um die vierhundert verschiedenen Zahlwörter für technische Geräte, für handgroße Objekte, längliche, flache, flüssige. Tiere werden wieder anders gezählt, je nach ihrer Größe. Aber ein Haushund wird wie ein Mensch gezählt, Vögel fallen unter die Zahlwörter für alles, was Flügel hat, außer, sie sind sehr groß, wie ein Vogel Strauß, dann werden sie gezählt wie ein Elefant. Wenn Dinge ihr Aussehen verändern, verändert sich auch ihr Zahlwort. Eine ganze Pizza zählt anders als Pizzastücke. Jedes Detail zählt. Zum Verrücktwerden. Ich werde es nie lernen, aber gleichzeitig bilde ich mir ein, ein wenig Einblick in die japanische Denkweise zu bekommen, die so genau die Erscheinungsform der Welt verzeichnet.

Wie eine Schildkröte hat Tatsu sich in sich selbst zurückgezogen, in ihren goldenen Lurexpanzer.

Noch ein Kuchen? Wie wär's? Meine Einladung.

Tatsu schüttelt kaum erkennbar den Kopf, stopft ihr kleines Tüchlein zurück in die Chanel-Handtasche, und ich weiß, unser Treffen ist beendet.

Nach ein paar Tagen schreibe ich ihr eine Mail und frage sie, ob sie mit mir in ein *onsen,* eine Thermalquelle, gehen möchte, oben auf dem Berg Kurama, wo es vielleicht ein wenig kühler ist als in der stickigen Stadt. Ich wohne bereits seit zwei Monaten in Kyoto als *artist in residence* und kenne mich besser aus als Tatsu, die erzählt hat, dass sie nur eine Woche hier ist, um auszuspannen, Tempel anzusehen, ins No- und Kabuki-Theater zu gehen, sich zu erholen. Ich frage nicht, wovon.

Innerhalb weniger Minuten antwortet sie, in genau einer Stunde werde sie bei mir vor der Tür stehen. Sie hat sich ein Fahrrad gemietet, trägt lange weiße Handschuhe an den Händen und einen Mundschutz gegen den Staub, über dem Arm die unvermeidliche Chanel-Handtasche. Wacklig fährt sie vor mir her, wie alle anderen immer auf dem Bürgersteig. Selten kommt es dabei zu Zusammenstößen mit Passanten, der gegenseitige vorausschauende Blick funktioniert erstaunlich gut. Schon von Weitem signalisieren beide Seiten ihre Ausweichmanöver. Das würde in Deutschland nie klappen, weil jede Seite auf ihr Recht pochen würde.

Ich war schon öfter auf dem Berg Kurama und weiß, wo sich am Bahnhof Demachiyanagi der Fahrradabstellplatz befindet, dass man schon in der Talstation ein Ticket zum *onsen* lösen kann, ich kenne den schnellsten Weg vom Seiteneingang zum Gleis. Eilig biege ich um die Ecken, so stolz auf meine Ortskenntnisse und darauf, keine Touristin zu sein, dass ich Tatsu fast verliere, die mir kaum folgen kann.

Der Zug zuckelt an kleinen Ortschaften vorbei, das Laub der Bäume ist malerisch feuerrot, und als der Ausblick besonders schön wird, schwenkt der Zugführer als besondere Zugabe die Sitzreihen mit einem Ruck um zu den Fenstern. Tatsu staunt mit offenem Mund, obwohl sie doch schon oft den japanischen Herbst gesehen haben muss. Aaaahhhh, seufzt sie selig im Chor mit den Mitreisenden, und ich versuche, mit einzustimmen, aber es will mir nicht ganz gelingen. Eine Prise Ironie hält mich unweigerlich auf Distanz. Ist es denn nicht auch komisch, wie erwachsene Menschen auf Knopfdruck zu den Fenstern gedreht werden, um in synchrone Glückseligkeit zu verfallen und unisono *aaaahhh* zu rufen? Aber das finde anscheinend nur ich.

In Kurama angekommen, wandern wir ein kleines Stückchen den Berg hinauf, wobei ich ganz außer Atem gerate, nicht aber Tatsu, was mich ärgert. Vor einer riesigen Zeder, um die ein Seil mit weißen, im Zickzack geschnittenen Papierstreifen geschlungen ist, bleibe ich stehen. Um von meiner Atemlosigkeit abzulenken, frage ich Tatsu, was sie bedeuten, obwohl ich längst weiß, dass diese *shimenawa* die Anwesenheit eines Gottes anzeigen.

Es teilt die Welt in die göttliche Welt oben und die menschliche Scheißwelt unten, sagt Tatsu.

Hast du gerade Scheißwelt gesagt? Ich lache.

Ja, sagt sie, hab ich. Und ich sag es gleich noch mal: Scheißwelt. Scheißwelt. Scheißwelt. Sie schreit und wird ganz rot im Gesicht. Aber so plötzlich, wie ihr Ausbruch kam, vergeht er auch wieder. Sie lächelt mich kurz an und stapft weiter.

Im *onsen* holt Tatsu ein mitgebrachtes kleines

Handtuch aus ihrer Chanel-Handtasche, während ich wie jedes Mal 200 Yen für ein neues, waschlappengroßes Handtuch zahle, weil ich in all der Zeit nicht verstanden habe, dass man sein eigenes Handtuch mitbringen darf.

Splitterfasernackt und riesengroß hocke ich auf dem niedrigen Plastikschemel und wasche mich betont sorgfältig, weil ich weiß, dass ich misstrauisch von den anderen Frauen, vielleicht auch von Tatsu, beäugt werde, ob ich auch wirklich alles richtig mache. Auf gar keinen Fall darf man ungewaschen in das heiße Bad steigen oder noch mit Seifenschaum am Körper.

Seit vielen Jahren gehe ich in öffentliche Bäder, *sento,* und in die heißen Quellen, *onsen,* weil ich mich nirgendwo sonst in Japan so *integriert* fühle wie nackt im heißen Wasser zusammen mit anderen Frauen. In den Bädern schäkerten alte und junge Frauen mit meinem kleinen Kind und redeten mit mir, dorthin ging ich, wenn ich einsam war, wie oft auf diesen Reisen, oder erschöpft, wie alle in diesem Land. Japan ist ein zutiefst erschöpftes Land. Zu viel Stress, zu lange Arbeitszeiten, das ewige Pendeln zum Arbeitsplatz und zurück, zu viel sozialer und ökonomischer Druck. Kaum gibt es eine kleine Pause, schlafen die Menschen ein. Nicht nur in Vorlesungen, Kinos, Theatervorstellungen und in der

U-Bahn, sondern auch in Restaurants und Cafés liegen sie mit einem Arm auf den Tischen oder hängen mit offenem Mund in den Stühlen, und niemand weckt sie, weil jeder versteht und man im Schlaf von jeder Pflicht und *ganbatte* entbunden ist. Wenigstens da. Besonders in der Öffentlichkeit schlafende Frauen wirken auf mich seltsam intim, fast wie entblößt. Nie könnte ich einfach so einschlafen, die Kontrolle im öffentlichen Raum komplett abgeben.

Natürlich wäscht sich Tatsu etwa dreimal so lang wie ich, und pflichtbewusst schrubbe ich weiter an mir herum, bis sie endlich den Wasserhahn zudreht. Und natürlich sieht ihr Körper frisch und glatt und drall aus wie der einer Dreißigjährigen, während meiner langsam der einer alten Frau wird, aber ich habe auch schon mit dreißig älter ausgesehen als jede Japanerin. Auch wenn hier die perfekte Figur eine große Rolle spielt, gibt es zugleich eine verblüffende Wurstigkeit mit dem eigenen Körper, als gehöre er einem nicht wirklich und als sei die buddhistische Herz-Sutra, die davon erzählt, dass eine unabhängige Identität nur Einbildung ist, tiefes Wissen und die Identifikation mit dem eigenen Körper geringer. Aber vielleicht täusche ich mich auch. So viele Annahmen über Japan sind trügerisch oder komplett falsch, aus Höflichkeit wird ihnen nicht widersprochen. Gleichzeitig ist es fast ein Spiel, den *gaijin* nie völlige Gewissheit erlangen zu lassen. Soll er doch denken, was er will, von der japanischen Ästhetik schwärmen, bis er umfällt, sich in Kimonos hüllen und Zen üben, sich damit brüsten, dass er perfekte Ramen kochen kann, oder sämtliche japanischen Zahlwörter kennt.

Wir lassen uns in das heiße Wasser sinken, die Sonne steht in den Baumwipfeln der Zedern, die Krähen kreischen, der Wind rauscht weit oben und kräuselt die Wasseroberfläche. Ein paar Frauen im Becken nicken uns freundlich zu. Vorschriftsmäßig balanciere ich das zusammengerollte, nasse Handtuch auf dem Kopf, lange habe ich den Fehler gemacht, es ins Wasser zu tauchen. So viele Regeln, so viele Möglichkeiten, Fehler zu machen. Aber von mir werden Fehler erwartet und die meisten auch geduldet, ich bin die *gaijin,* die von draußen. Fast wäre es unheimlich, würde ich keine Fehler machen, denn dann könnte man nicht mehr klar unterscheiden, ob ich drinnen oder draußen bin. In Japan ist diese Unterscheidung vielleicht offensichtlicher als anderswo. Aber warum wollen wir uns immer und überall auf der Welt abgrenzen, isolieren und klassifizieren, wer dazugehört und wer nicht? Wer drinnen und wer draußen ist? Warum fällt es uns so schwer, diese Kategorien aufzugeben, wenn wir doch längst verstanden haben müssten, dass aller Unfriede, alles Unglück immer und immer wieder damit beginnt? Neben mir murmelt Tatsu: Jetzt erhole ich mich.

Wovon genau?

Sie zögert nur kurz. Vor ein paar Monaten habe ich auf einem Portal einen Mann kennengelernt, er schien nett und sauber und höflich, er mochte klassische Musik, sogar meine Lieblinge Schubert und Schumann, wir gingen ein paarmal aus, dann kam er mit zu mir. Er zog sich im Badezimmer aus, ich legte mich nackt aufs Bett, das Licht war schön, ich fühlte mich attraktiv. Er kam aus dem Bad, sah mich prüfend an, dann sagte er: Das kann ich nicht. Zog sich wortlos wieder an und ging.

Und du meinst, er hat deinen Körper gemeint?

Was denn sonst?

Vielleicht ist ihm mit einem Mal eingefallen, dass er verheiratet ist. Oder impotent. Oder was weiß ich.

Du meinst, er war nicht abgestoßen von mir?

Ja, das meine ich.

Ah so, sagt sie, was auf Japanisch ach so heißt. Ich denke immer, es ist mein Körper.

Aber den hat er doch vorher auch schon gesehen.

Aber nicht nackt.

Meinst du, er hat sich vorgestellt, du siehst nackt aus wie ein Kleiderhaken?

Ein Kleiderhaken?

Sagt man so, wenn jemand überhaupt keinen Speck auf den Rippen hat.

Speck, wiederholt Tatsu. Das Wort mochte ich immer. Tief atmet sie aus, und fast wie zum Dank erzählt sie weiter.

Es ist Sommer in Hannover. Man trägt Batikhemden und Batikkleider in Türkis, Orange und Apfelgrün, trinkt Capri-Sonne und schleckt Capri-Eis. Das Licht bricht sich in kleinen Regenbogen in den Tropfen des Rasensprinklers. Das Glas glitzert. Der Pool gluckst. Wolle sitzt breitbeinig in der Badehose im Liegestuhl und raucht. Die Kinder springen nackt herum. Michi liegt ebenfalls nackt auf einem Handtuch im Gras. Dauernd sind alle nackt. Tatsu rätselt, ob das hier normal ist. Oder ist sie nicht normal? Sie zieht sich nicht aus, geht nicht schwimmen im Pool. Sie trägt eine hochgeschlossene weiße Bluse, die sie extra mit ihrem Reisebügeleisen gebügelt hat. Unsere kleine Gouvernante, nennt Michi sie.

Tatsu deckt den Tisch. Sie gibt sich Mühe, stellt das wild gemischte Geschirr farblich passend zusammen, arrangiert es zu einem Muster.

Hübsch, sagt Michi. Wie hübsch du das machst.

Tatsu kann nicht aufhören, auf das kleine rehbraune Fell zwischen Michis Beinen zu starren. Wenn Michi steht, befindet es sich genau auf der Höhe der Teller auf dem Tisch.

Sie kann sich keinen Reim darauf machen, warum Michi ständig nackt sein will, auch wenn es kühl ist. Und warum es Wolle überhaupt nicht interessiert. Er beachtet seine Frau kaum, starrt stumm vor sich hin, raucht auch während des Essens seine filterlosen Roth-Händle. Auf der roten Packung ist eine kleine schwarze Hand abgebildet, und Tatsu meint, dass er die Packung so hinlegt, dass der Zeigefinger auf Tatsu zeigt. Michi raucht keine Zigaretten, nur Joints. Tatsu lernt, den Geruch von Tabak und Gras zu unterscheiden. Es riecht sehr oft nach Gras, und anfangs bietet Michi Tatsu öfter einen Zug an, aber Tatsu lehnt jedes Mal ab. Sie will auf gar keinen Fall die Kontrolle verlieren, jetzt, wo sie zum ersten Mal das Gefühl hat, ihr Leben selbst gestalten zu dürfen. Sie bittet darum, jeden Tag den Tisch decken zu dürfen.

Na klar. Michi lacht. Deck den Tisch, so oft und viel du willst!

In seinem kleinen Kabuff, vollgestopft mit Noten, Büchern und einem Klavier, gibt Wolle Tatsu private Gesangsstunden. Er lobt sie nie.

Michi, die von außen anscheinend zuhört, findet, Tatsu müsse lockerer werden. Man hört deiner Stimme die verklemmte, kontrollierte Japanerin an, sagt sie. Stimmt doch, Wolle, oder?

Wolle antwortet nicht, er spricht überhaupt sehr wenig.

Michi hat eine Idee, um Tatsu lockerer zu machen. Zu dritt gehen sie ins Kino, in einen schwedischen Softporno in einem schmuddeligen Pornokino am Steintor.

Du musst dich nackt machen, wenn du singst, sagt Michi, oder, Wolle?

Wolle schweigt. Tatsu sitzt zwischen den beiden und fühlt sich fast wie ihr Kind. Aber mit ihrem Kind würden sie vielleicht doch nicht in einen Pornofilm gehen. Ganz sicher ist Tatsu sich da allerdings nicht. Sie versteht die Regeln nicht und fragt sich oft, warum das eine sein darf und etwas anderes nicht.

In dem Film räkeln sich braun gebrannte nackte blonde Frauen auf Klippen im Meer, und Männer mit Pilzfrisuren rollen geschäftig auf ihnen herum, als müssten sie etwas Dringendes erledigen.

Tatsu denkt angesichts des vielen nackten Fleischs an den Serienmörder Haarmann, der nicht weit von diesem Kino mit seinem kleinen Hackebeil Menschen zu Hackfleisch verarbeitete, davon erzählen die Hannoveraner Tatsu besonders gern.

Wolle hat seinen Arm über die Lehne hinter Tatsu gelegt, Michi fasst ihr von der anderen Seite in die Haare.

Meine Güte, wie hart deine Haare sind, sagt sie, wie Pferdehaar.

Wolle hat Gummibären gekauft und verteilt sie an die beiden Frauen.

Ihr ganzes Leben lang muss Tatsu an schwedische Pornos denken, wenn sie Gummibärchen isst, an Wolle und Michi, die neben ihr sitzen und sie »unter die Fittiche« nehmen, an ihr eigenes schwarzes Pferdehaar und Wolles blondes Haar, weich wie ein Katzenfell.

In der Gesangsstunde hält Wolle Tatsus Brustkorb, während sie die kombinierte Flankenatmung übt. Vor Aufregung verfällt sie immer wieder in die Flachatmung, obwohl sie weiß, dass die unbedingt zu vermeiden ist. Noch nie hat ein Mann sie berührt. Wolle legt seine Hände auf ihre unteren Rippen und auf ihren Bauch. Lass es strömen, lass es strömen, sagt er leise. Und: Ich steh auf deinen Speck. Allein dieses Wort hat es ihr angetan: Speck. Es klingt wie eine Welle, die sich an einem Felsen bricht: Schschschschpeckkkkkkk. Damit das Zwerchfell nach unten absinken kann, müssen sich die Bauchmuskeln entspannen.

Wir müssen den Bauch loslassen, sagt Wolle. Wir. Tatsu gibt ihr Bestes. *Ganbatte*. Und lässt den Bauch los.

Sie lernt den Ausdruck »Schmetterlinge im Bauch«. Eine ganze Wolke von Schmetterlingen flattert in ihren Eingeweiden, fast hat sie Angst, sie könnten aus ihrem Mund herausflattern und sie verraten. Spürt Wolle es auch? Anzusehen ist ihm nichts. Betrachtet Michi sie misstrauisch? Tatsu verschlagen die Schmetterlinge den Appetit, und befriedigt stellt sie fest, dass ihr Bauch kleiner wird und immer weniger dem der verhassten Wackelpagode ähnelt. Die Kinder betteln dennoch weiter, Tatsu solle mit dem Kopf wackeln und die Zunge rausstrecken.

Lasst sie in Ruhe, sagt Wolle eines Tages, verdammt noch mal. Sie ist ein Mensch, keine Puppe!

Tatsu sieht das als Zeichen. In der nächsten Gesangsstunde nimmt sie Wolles Hände und legt sie sich auf die Brust. Sie singt weiter, auch wenn sie zunehmend Schwierigkeiten mit der korrekten Atmung bekommt. Michi telefoniert nebenan, und Tatsu weiß, solange sie telefoniert, wird sie nicht ins Zimmer kommen, die Telefonstrippe reicht nicht weit genug. Ganz vorsichtig lehnt sie sich an Wolle, sie spürt seinen Körper mit einer seltsam harten Ausbuchtung, wie ein Knochen oder eine Salami, sie sucht nach einem Vergleich, während Wolle sie nach vorn über das Klavier beugt. Verlegen schlägt Tatsu ein paar Töne an, denn singen kann sie so nicht mehr. Wolle schiebt ihr den Rock hoch. Sie spürt sein Gewicht auf ihrem Rücken, seine Hände zwischen ihren Schenkeln, einen scharfen, spitzen Schmerz, seinen feuchten Atem in ihrem Nacken, sein blondes Katzenhaar, und dann ist es auch schon vorbei. Wolle zieht sich die Hose wieder hoch und steckt sich eine Zigarette an, Tatsu singt weiter, und Michi telefoniert immer noch. Tatsu denkt: Das ist alles? Warum das ganze Theater? Und: Jetzt hab ich dich.

Von nun an kann sie nicht genug von ihm bekommen, wie von einer Süßigkeit, von der man nicht genau weiß, ob man sie wirklich mag oder ob man sie nur verschlingt, weil man gierig ist nach mehr. Mehr Aufmerksamkeit. Mehr Zuneigung. Mehr von allem!

Irgendwann wird daraus Liebe werden, davon ist Tatsu überzeugt, es muss nur oft genug geschehen. Deshalb beugt sie sich nun in fast jeder Gesangsstunde übers Klavier. Weil sie es so will? Weil Wolle es will? Weil beide es wollen? Es ist ihr ein Rätsel, das sie nicht lösen möchte. Sie hält sich lieber an das Bild von Wolles Katzenhaar, das über ihr schwarzes Haar fällt. Sie vermischt es mit den Fingern, Pferd und Katze, Katze und Pferd. Sie ziehen sich nicht aus. Es dauert nie lang. Glücklich macht es sie nicht. Sollte sie nicht platzen vor Glück? Ein Mann, den sie begehrt, begehrt sie. Ist es nicht das, wonach sich jede Frau sehnt?

Tatsu übt seit Wochen Schumann-Lieder. Sie singt: *Ich wandelte unter den Bäumen mit meinem Gram allein.* Lange denkt sie, es heißt *mit meinem Gramm allein,* und stellt sich eine dicke traurige Frau vor, die unter Bäumen wandelt. Wolle begleitet sie am Klavier, und manchmal sieht er auf, schüttelt sein Katzenhaar aus der Stirn und lächelt sie ein ganz klein wenig an. In diesen kurzen Augenblicken ist sie glücklich und möchte nichts anderes mehr im Leben: nur Lieder singen mit Wolle am Klavier.

Warum unbedingt das deutsche Lied?, fragt er sie. Studier doch mal ein paar Arien ein, sing auf Italienisch, Russisch, da merkt man deinen Akzent nicht so, geh an die Opernhäuser zum Vorsingen.

Aber Tatsu möchte nicht auf die große Bühne, sondern in kleinen Sälen in einem eleganten schwarzen Kleid neben Wolle am Klavier stehen und singen. Sich verbeugen. Heimkommen. Den Tisch decken.

Ganze Tage verbringt Tatsu nun bei der Familie. Michi umarmt sie, küsst sie, nennt sie »meine kleine Tatze«. Merkt Michi denn gar nichts? Oder tut sie nur so? Wird sie überhaupt nicht eifersüchtig? Tatsu bewundert Michis lässige Eleganz, sie sieht aus wie Françoise Hardy, für die ihre Mutter schwärmt, oder wie Jane Birkin, für die Tatsu schwärmt, obwohl Jane Birkin natürlich überhaupt nicht singen kann. Michi erscheint ihr ständig unzufrieden, unruhig, nie bleibt sie an einem Ort, sie wirft ihre langen Gliedmaßen unkoordiniert auf Sofas, Betten, Sessel, auf den Teppich. Ein schöner Körper, aber nicht besonders sexy, findet Tatsu. Vielleicht, weil er ständig nackt ist. Tatsu versteht, dass Wolle sich lieber über sie und ihren verhüllten Speck beugt.

Ich bin für dieses bourgeoise Leben mit Familie einfach nicht geschaffen, seufzt Michi. Dieses blöde Haus. Ich fühle mich eingesperrt und in eine beschissene Rolle gedrängt, die ich nie haben wollte. Ich möchte immer nur weg, weg, weg. Sie liegt nackt auf dem Teppich, die Kinder klettern auf ihr herum und bemalen sie mit Fingerfarben. Verstehst du das, kleine Tatze?

Tatsu nickt und möchte nie mehr von hier weg. Sie möchte hier sein. Hier bleiben. Hier. In diesem Haus. Am liebsten nur mit Wolle. Ohne Michi. Aber das wagt sie kaum zu denken.

Sie bietet an, abends auf die Kinder aufzupassen,

damit die Eltern ausgehen können, was Michi erfreut annimmt, Wolle weniger, wie Tatsu scheint, aber Michi zerrt ihn nun fast jeden Abend auf Partys im Bootshaus am Maschsee. Oft ist die letzte Straßenbahn nach Herrenhausen ins Studentenheim längst gefahren, wenn die beiden nach Hause kommen, und Tatsu auf dem muffigen Teppichboden im Kinderzimmer eingeschlafen.

Michi bietet Tatsu an, ganz zu ihnen zu ziehen, wenn sie schon so viel Zeit bei ihnen verbringt. Was meinst du, Wolle? Wäre doch viel praktischer, oder? Wolle schweigt und raucht und sieht keine der beiden Frauen an.

Tatsu zieht zu den Kindern ins Kinderzimmer. Michi legt eine Matratze auf den Boden. Wie in Japan, sagt sie.

Die Kinder nennen Tatsu nicht nur Tatze, sondern auch Schlitzauge und Wackelkopf, wenn es die Eltern nicht hören. Sie können nichts dafür, sagt sich Tatsu und würde sie gern ohrfeigen, schubsen, kratzen, sie an ihren verfilzten, ungekämmten Haaren ziehen. Sie liest ihnen den *Struwwelpeter* vor, den die Eltern eigentlich verboten haben, den die Kinder aber innig lieben. Besonders die Geschichte vom armen Paulinchen. Tatsu soll, während sie vorliest, mit einem Feuerzeug hantieren und singen und springen, darauf bestehen die Kinder, denn es heißt, dass Paulinchen »mit Sing und Sang« durchs Zimmer sprang. Die Kinder spielen Minz und Maunz, die Katzen, und »erheben ihre Tatzen. Sie drohen mit den Pfoten, der Vater hat's verboten.«

Tatsu lernt das Wort lichterloh. Sie könnte heute noch ein Bild von Paulinchen malen in ihrem grünen Kleid, den gelben Flammen auf ihrem Rücken, der großen grauen Rauchwolke. Am Ende der Geschichte soll Tatsu sich unter der Bettdecke verstecken, da ist sie mit Haut und Haar verbrannt, und nur ihre Schuhe sind von ihr noch übrig. Sorgfältig stellen die Kinder sie jedes Mal nebeneinander vor Tatsus Matratze und zitieren im Chor: »Ein Häuflein Asche bleibt allein und beide Schuh, so hübsch und fein.« Sie sind so ergriffen, dass sie Tatsu anschließend herzen und küssen. Armes totes Paulinchen.

Tatsu spielt gern das arme Paulinchen, wirklich, aber sie mag die Kinder am liebsten, wenn sie schlafen und sie ihrem Atem lauscht, ihrem Gemurmel im Traum. Die Vorhänge blähen sich träge im Wind, die Bäume rascheln. Das Haus atmet ein und aus, und Tatsu mit ihm. Sie ist hier zu Hause.

Michi taucht tagsüber nur noch selten auf. Tatsu kocht, putzt, beaufsichtigt die Kinder. Wenn sie im

Kindergarten sind oder friedlich spielen, ruft Wolle Tatsu in sein Zimmer. Irgendwann wird aus Sex Liebe erblühen wie aus dem Wasser eine Lotusblüte, denkt Tatsu. Sie stellt sich den See moorig, schlammig vor und die Lotusblüte rosarot wie auf einer buddhistischen Kitschpostkarte. Sie ist sich so sicher. Auf keinen Fall darf sie von Liebe sprechen, das weiß sie instinktiv. Sie singt kaum noch. Ihr Studium gerät immer mehr in den Hintergrund, aber das ist ihr egal. Sie will nicht mehr darüber nachdenken, was sie werden oder erreichen will. Zum ersten Mal in ihrem Leben lebt sie ohne Prüfungen, ohne klar vorgegebenen Weg, ohne Ziel.

Zum ersten Mal, sagt sie, hatte ich nicht das Gefühl, durch einen langen, dunklen Tunnel gehen zu müssen, um am Ende in das versprochene Licht zu gelangen, aber dann gleich wieder in den nächsten Tunnel geschickt zu werden. Ich war zum ersten Mal frei. Dachte ich.

Ich kann mir diesen Wolle nicht recht vorstellen, sage ich. Er wirkt so passiv in deinen Erzählungen. Sitzt immer nur da und raucht und schweigt.

Ja, sagt Tatsu, das stimmt, er hat nie viel gesagt. Aber er war der Motor, der alles angetrieben hat. Ich weiß nicht, ob er das je verstanden oder wirklich geglaubt hat, dass er an nichts Schuld trägt.

Schuld?

Sie nickt und nickt, hört gar nicht mehr auf zu nicken. Ich kann nicht anders, als an die Wackelpagode zu denken, und schäme mich ein bisschen. Ich versuche, mir diese seltsame Combo in einem Bungalow in Hannover vorzustellen, bestimmt ein Klinkerbau mit Buchsbaumhecken im Vorgarten. Tatsu in ihrer weißen Bluse, die nackte Michi und der schweigende Wolle mit seinem gelben Katzenhaar. Wolle, der, obwohl schon Mitte dreißig, wahrscheinlich so aussah wie alle meine Freunde in der Zeit, langhaarig, »zugewachsen«, wie es meine Eltern nannten, ein wenig schlapp und faul, was als subversiv ausgegeben wurde, denn wenn man »gammelte«, wie es damals hieß, entzog man sich den Karriere- und Leistungsvorstellungen der Alten und trieb sie vor Wut auf die Barrikaden. Für Frauen bedeutete es einen fatalen *double bind:* Auf der progressiven Seite war »Karriere« als Ausdruck der Leistungsgesellschaft verpönt und verhasst, auf der konservativen galt sie als eindeutiges Merkmal verbissener Emanzenweiber und Rabenmütter. Was tun?

Dreimal am Tag deckt Tatsu den Tisch. Immer deckt sie für Michi mit, die ab und zu aufkreuzt, als käme sie nur zu Besuch. Sie studiert wieder. Soziologie und Psychologie.

Zufrieden nickt Michi. Das läuft ja hier wie am Schnürchen, meine kleine Tatze, sagt sie und tätschelt Tatsu die Wange. Tatsu wartet auf eine Ohrfeige. Merkt Michi denn immer noch nichts?

Eines Tages, beim Mittagessen – ich weiß noch genau, was ich gekocht hatte: *okonomiyaki,* japanische Pfannkuchen, nach einem Rezept meiner Mutter. Sie hat immer gesagt, dass sie dick machen, und mir gleichzeitig Mayonnaise draufgespritzt, dreimal waagerecht, dreimal senkrecht, auf die Bonito-Flocken, die sich so hübsch im Luftzug bewegt hatten. Sie selbst aß nie *okonomiyaki,* saß nur neben mir und sah mir zu, atmete hörbar ein und aus. Ihr Atmen machte mich so wütend, dass ich mir vorstellte, wie sie erstickt. Einfach aufhört zu atmen. Blau anläuft, sich an den Hals fasst, röchelt und schließlich tot umfällt, während ich langsam weiteresse und draußen die Blätter des Kakibaums rascheln und ihre Schatten auf die Tatamis fallen.

Es gibt also *okonomiyaki,* wir sitzen alle am Tisch, die Kinder mampfen, Wolle raucht und isst gleichzeitig wie immer, die Wackelpagode auf der Kommode wackelt mit dem Kopf wie immer, da nimmt Michi Wolles Hand und wendet sich lächelnd an mich: Ich danke dir, kleine Tatze. Er ist so friedlich, so entspannt, seit du mit ihm ins Bett gehst.

Mein erster Gedanke: Im Bett waren wir nie. Es gibt gar kein Bett in seinem Studio, noch nicht einmal eine Couch. Eine Gluthitze steigt mir in den Kopf, das Blut pocht hinter meinen Augen, mein Mund wird trocken.

Die Kinder sehen nicht auf von ihren Tellern, und auch Wolle hebt nicht den Blick. Aber ist es nicht furchtbar, wie schnell er immer kommt?, redet Michi weiter. Wie ein Teenager. Oder ein Kaninchen. Spaß macht das nicht, oder? Sag, Tatze, macht dir das Spaß? Aber da ist nichts zu machen bei ihm. Also ich schaff es auf jeden Fall nicht. Er kommt nach zwei Minuten Maximum. Und ich komme nicht. Du? Kommst du?

Ich bin so verwirrt, dass ich automatisch konjugiere: Ich komme, du kommst, er sie es kommt. Wovon redet Michi? Ich bewege mich nicht. Erwarte, dass Wolle aufsteht, Türen zuknallt, schreit, oder dass Michi schreit, dass sie sich schlagen, mich schlagen – aber nichts geschieht. Gar nichts. Sie hält nach wie vor seine Hand, er zuckt noch nicht einmal, und sie ist immer noch nicht fertig.

Er ist so grausam verklemmt, sagt Michi, von Klitoris und weiblichem Orgasmus hat er noch nie gehört. Rein, raus, wham, bam, thank you, Ma'm, so ist er, unser Wolle. Stimmt's, Tatze? Aber wer weiß, vielleicht kannst du ja was dran ändern und bringst ihm ein bisschen Kamasutra bei? Heißt das nicht so bei euch? Gibst du mir noch was von deinem Okodingsbums?

Sie reicht mir ihren Teller. Wie im Traum stehe ich auf, gehe in die Küche, nehme ein Stück *oko-nomiyaki* aus der Pfanne, komme zurück, serviere ihr den Teller, spritze wie meine Mutter die weiße Mayonnaise aus der Tube darauf: dreimal waagerecht, dreimal senkrecht, was mit einem Mal obszön wirkt, und ich schäme mich.

Nicht so viel, ruft Michi, ich werde ja sonst noch fett! Sie greift in meine Haare, zieht mich zu sich herunter und gibt mir einen langen Kuss auf die Wange. Ich bin dir wirklich dankbar, ehrlich, flüstert sie in mein Ohr.

Wolle hat nicht aufgegessen, das weiß Tatsu noch genau.

Sie wundert sich nicht, als am nächsten Tag die Wackelpagode zerbrochen am Boden liegt, der Kopf ist unter das Regal gekullert, der Bauch zersplittert, die Arme abgebrochen. Niemand ist zu Hause. Wolle in der Musikhochschule, die Kinder im Kindergarten, Michi irgendwo. Kann das Ding von selbst von der Kommode gefallen sein? Aus purer Bosheit, um Tatsu zu belasten? Haben die Kinder sie kaputt gemacht? Aus Versehen oder mutwillig? Oder Michi, um Tatsu für ihre Affäre mit Wolle zu bestrafen? Oder Wolle selbst, um … um was? Um Tatsu loszuwerden? Weil er sie doch nicht liebt? Sie versteht in Sekundenschnelle, dass es keinen Ausweg für sie gibt, dass am Ende immer sie die Schuldige sein wird. Das Gespenst Okiku huscht wie ein Schatten durchs Zimmer. Ich bin die Okiku von Hannover, denkt Tatsu. Panisch klaubt sie die einzelnen Stücke auf, aber an eine Reparatur ist nicht zu denken. Sie will sie verstecken, dann legt sie sie wieder hin, ihre Gedanken verschwimmen, wie ein Wasserfall rauscht es in ihrem Kopf. Was tun? Was soll sie nur tun?

Sie macht etwas Seltsames. Sie geht in die Goseriede, die Badeanstalt, in der ich schwimmen gelernt und Batavia 510 gespielt habe. Sie kennt die Goseriede, weil sie ein paarmal mit den Kindern dort war. Sie taucht ab. Unter Wasser rauscht es nicht mehr in ihrem Kopf. Sie verbringt lange Zeit unter Wasser. Wie ihre Tante, die *ama*. Wenn sie unter Wasser ist, geht die Welt über Wasser sie nichts mehr an.

Das Wasser ist der Brunnen. Du wolltest dich in den Brunnen stürzen wie Okiku, sage ich.

Nein, Tatsu schüttelt entschieden den Kopf, daran habe ich nicht gedacht. Ich wollte mich nicht umbringen. Dazu war ich doch viel zu verliebt!

In Kalifornien bin ich zum ersten Mal in meinem Leben bis über beide Ohren verliebt und schreibe nach Hause: *David und ich hatten mächtige Probleme für drei Tage. Plötzlich bekam er große Zweifel über unsere relationship. Er war unglücklich mit mir und ohne mich. Dann begriff er, dass er Angst bekommen hat, weil er, wie er sagt, mich zu sehr mag. Wir hatten eine ziemlich schwere Zeit, und ich war todunglücklich. Manchmal erscheint mir diese Intensität ein bisschen gefährlich. Ich weiß nicht, ob es möglich ist, jemanden zu sehr zu mögen, aber es tut fast weh, so sehr mag ich ihn, und so geht es ihm wohl auch. Vor ein paar Tagen sah er mich in der Mensa, und ihm wurde ganz schwindlig, er konnte gar nicht mehr aufstehen. Als ich ihn fragte, was denn los sei, sagte er, dass er mich einfach nur angesehen hätte, und das sei too much. Mir geht es eben oft genauso, und oh, ihr müsstet ihn sehen, dann würdet ihr mich besser verstehen. Er sieht ein bisschen aus wie Che Guevara mit seinen schwarzen Locken und dem Bart, nur noch viel besser. Im Kino auf dem Campus hatten wir davor den japanischen Film »Die Frau in den Dünen« gesehen nach dem Roman von Kobo Abe, der beste Film jemals! Und trotzdem hat er mich wütend gemacht, und David und ich haben zum ersten Mal gestritten, und danach bekam er dann eben die großen Zweifel. Und der Film war daran schuld! Ein Lehrer fällt in eine tiefe Sandgrube, dort lebt eine Frau, die den Sand rausschaufelt, um nicht zu ersticken im Sand, und der Mann soll ihr helfen. Er kann nicht fliehen, kommt nicht mehr raus aus der Grube. Also schaufelt er Sand, und dann fängt er mit der Frau was an und am Ende bleibt er sogar freiwillig mit ihr in der Grube. Das ist wahnsinnig gut gefilmt und spannend, man spürt den Sand auf der Haut und glaubt danach, man muss sich den Sand aus den Schuhen schütten, und die Lektion ist vielleicht auch frei nach Lenin »Freiheit ist die Einsicht in die Notwendigkeit« oder so (wenn ich hier mit Lenin ankomme, halten mich alle für eine totale Kommunistin), aber mir kam es doch eher so vor, als wäre die Frau die Böse, die dem Mann seine Freiheit nimmt und ihn unterjochen will, und der Arme nicht fliehen kann, weil er die Verantwortung für sie auf sich nimmt und seinen Mann stehen muss, der ganze altmodische Scheiß.*

Vielleicht habe ich zeitgleich mit Tatsu, die in der Goseriede zitternd unter Wasser hockte, in Kalifornien in der Badewanne gelegen und überlegt, ob ich mir mit meinem Schweizer Taschenmesser die Pulsadern aufschlitze, weil David nun gar nicht mehr wusste, ob er mich überhaupt liebte. *I just don't know,* sagte er, und ein grausamer, noch nie zuvor so tief empfundener Schmerz darüber, abgelehnt zu werden, nicht zurückgeliebt, nicht gewollt zu sein, fuhr mir durch die Glieder. Warum log er nicht einfach ein bisschen? Was wäre denn so schlimm daran gewesen, diese magischen drei Wörter *I love you* einfach zu sagen (die nicht ganz so ernst klangen wie *ich liebe dich*)? Wenn die Wörter endlich aus dem Mund des Geliebten fielen wie Erbsen, die ich begierig aufklaubte und sorgsam hütete, erlaubten sie mir, nicht mehr dauernd darüber nachdenken zu müssen, ob er mich denn nun wirklich liebte, und ich konnte zu mir selbst zurückkehren. Auch später kreiste ich immer wieder um irritierend passive Männer, die ich zu lieben glaubte, und gleichzeitig redete ich mir ein, frei und selbstbestimmt zu sein. Aber ohne die ständige Zusicherung von großer Liebe geriet ich aus der Bahn und verliebte mich schnell in einen anderen Mann, dem ich dann wiederum circa drei Monate lang nicht mit Liebe kommen durfte, das hatte ich gut gelernt. Es war die sicherste Methode, um ihn abzuschrecken. Wie ein scheues Wildtier musste der Mann mit Sex angefüttert werden, um dann mit dem Liebeslasso eingefangen zu werden. *Liebst du mich?,* durfte man nie fragen. *Ich liebe dich,* diese magische Formel musste von selbst kommen, ließ sich aber hervorkitzeln, wenn man es geschickt genug anstellte. Umso größer der Kummer, wenn diese drei Wörter wieder zurückgenommen wurden. Dann konnte ich an nichts anderes mehr denken als daran, wie ich es schaffen könnte, dass er mich wieder liebte.

Du siehst, Tatsu, bei mir war es ganz ähnlich. Ich war in einem fremden Land und in einen passiven Mann verknallt, der mich in ständiger Bewegung und Unruhe hielt.

Das war ganz und gar nicht ähnlich, sagt Tatsu entschieden, denn du warst den Menschen um dich herum ähnlich. Ich nicht. Mich konnte man von Weitem immer als die erkennen, die nicht dazugehört. Und das ist etwas völlig anderes.

Unter Wasser in der Goseriede begreift Tatsu, was zu tun ist. Sie betritt das Haus von Wolle und Michi nie wieder. Fährt mit noch nassen Haaren in der Straßenbahn ins Studentenwohnheim, packt ihre Sachen, auch den Reiskocher, und nimmt einen Zug nach Düsseldorf. Dort lebt eine alte Bekannte ihrer Mutter, Frau Nakamura, die sie immer besuchen sollte und nie wollte, weil man alte Bekannte der Mutter nie besuchen mag. Aber jetzt ist sie die einzige andere Person in Deutschland, die sie kennt.

Frau Nakamura fragt nichts. Sie gibt Tatsu *ochazuke* zu essen, grünen Tee mit Reis, und Tatsu ist mitten in Düsseldorf wieder in Japan, mit all den altbekannten Regeln, wie sie zu essen, zu sitzen, zu sprechen, zu schweigen hat. Wie ein Korsett, das sie aber in diesem Moment nicht einzwängt, sondern stützt. Tatsu darf bleiben, wenn sie die kleine Wohnung putzt und einkauft.

Frau Nakamura arbeitet am Opernhaus als Korrepetitorin. Seit fast zwanzig Jahren hat sie eine Affäre mit einem verheirateten Cellisten, den sie einmal in der Woche in einem billigen Pensionszimmer mit Waschbecken trifft. Seiner Frau erzählt der Cellist, er sei beim Orchesterstammtisch.

Seit fast zwanzig Jahren? Tatsu ist erschüttert.

Den Rest der Woche lebe ich wie ein Gespenst, sagt Frau Nakamura. Ich spüre meinen Körper nicht, bin nicht wirklich anwesend in meinem eigenen Leben.

Ganz genau so fühlt Tatsu sich auch, sie ist weder hier noch da, lebt in einer Zwischenwelt, aus der sie nur durch Wolle erlöst werden kann. Sie wartet darauf, dass er kommt, sie holt, sich entschuldigt, sie zurückbringt nach Hannover in sein Haus, und dass alle, Michi, Wolle und die Kinder, vor ihr auf den Knien liegen und weinend *gomenasai*, Entschuldigung, flüstern.

Tatsu denkt an Rache und an Okiku, die Nacht für Nacht schluchzend vor dem Haus des Samurai von eins bis neun gezählt und ihn und seine Frau in den Wahnsinn getrieben hat. Nur: Erlöst hat das Okiku nicht. In einer Fassung der Geschichte ruft der Samurai einen buddhistischen Priester, der mit ihm nachts auf Okiku wartet, und als sie bis neun gezählt hat, ruft der Priester blitzschnell: zehn! Danach kommt Okiku nie wieder. Sie versinkt im Reich der Toten. Das will Tatsu nicht, aber doch Rache. Wenigstens ein bisschen. Jede Nacht ruft sie in Hannover an. Die Telefonstrippe von Frau Nakamuras Telefon reicht gerade bis ins Badezimmer. Verschlafen meldet sich Wolle, immer er, nie Michi.

Tatsu möchte ihn so gern fragen: Liebst du mich? Liebst du mich noch? Hast du mich denn nicht geliebt? Vermisst du mich? Aber sie sagt keinen Ton, sie hält den Atem an und den Telefonhörer übers Klo, sie drückt die Spülung, das Wasser rauscht wie im Brunnen, in den sich Okiku gestürzt hat. Es wäre so viel besser, wenn sie die Erinnerung an Wolle und Michi, das Haus, die Kinder und die Wackelpagode hinunterspülen könnte, aber gleichzeitig sehnt sie sich mit jeder Zelle ihres Körpers zurück nach Hannover.

Wie eine Schnecke ohne Haus habe ich mich gefühlt. Wie eine Nacktschnecke, sagt Tatsu.

Jede Nacht ruft sie Wolle an. Nach ein paar Wochen geht niemand mehr ans Telefon, und Tatsu fühlt sich noch unbehauster als zuvor.

Frau Nakamura bemüht sich nach Kräften, der Schnecke ein neues Haus zu geben, ohne dass sie jemals mit Tatsu über die Vergangenheit spricht. Tatsu bleibt bei ihr, bekommt nach wie vor jeden Monat Geld von ihrer Mutter geschickt, die glaubt, dass sie noch in Hannover wohnt und studiert. Frau Nakamura hält dicht. Sie vermittelt Tatsu als Klavierlehrerin an kleine Kinder. Tatsu kommt gut an und wird in den höchsten Tönen gepriesen. Sie ist so geduldig. So süß. So japanisch. Sie sitzt in überheizten Wohnzimmern neben schlecht gelaunten Kindern, die auf verstimmten Klavieren widerwillig Tonleitern klimpern. Von den Müttern bekommt sie zu starken Kaffee und alte Kekse angeboten. Die Zeit vergeht zäh. Nichts geschieht. Wochenlang, monatelang. Am Ende sind es Jahre.

Frau Nakamura trinkt, und Tatsu trinkt mit. Sie betrinken sich vorsätzlich und ohne Freude, mit Bier und Jägermeister. Zusammen schauen sie deutsches Fernsehen, am liebsten ein seltsam exotisches Gesundheitsprogramm, in dem eine spargeldünne, stark geschminkte Ärztin über Unaussprechliches spricht wie Hämorrhoiden und Inkontinenz. Das bringt die beiden zum Lachen.

Tatsus Mutter will zu Besuch kommen. Sie hat endlich so viel Geld gespart, dass sie sich ein Flugticket leisten kann. Tatsu trifft sie in München, weil es dort viel schöner sei als in Hannover, das aussehe wie Fukuoka.

Wirklich? Wie Fukuoka? Das schöne Deutschland? Das kann ich mir gar nicht vorstellen, sagt die Mutter.

Tatsu bucht ein Doppelzimmer in einer Pension am Kaiserplatz und bereitet einfache japanische Mahlzeiten auf einem Campingkocher zu. Unter der Matratze versteckt sie Jägermeisterfläschchen und trinkt sie, während ihre Mutter neben ihr schnarcht.

Wer ist diese Frau?, fragt sie sich. Sie kann sich nicht mehr recht an sie erinnern, als sei ihre Kindheit und Jugend mit der Mutter in einen tiefen Brunnen gefallen, in den sie hineinstarrt, aber nur ihr Spiegelbild sieht. Die Mutter wird nie erfahren, dass Tatsu ihr Studium in Hannover abgebrochen hat, keine deutschen Lieder mehr singt und als Klavierlehrerin in Düsseldorf wohnt. Deutlich spürt die Mutter das Unglück der Tochter, aber fragt nicht nach, denn genauere Auskünfte würden sie selbst unglücklich machen. Sie ist entschlossen, für die Dauer des Besuchs lustig zu sein. Nicht von ihrer Einsamkeit in Tokio zu erzählen, den Depressionen, unter denen sie leidet, die sie jedoch für normale Traurigkeit hält, verursacht von der quälenden Sehnsucht nach der Tochter.

So dünn bist du geworden!, ruft sie zur Begrüßung am Frankfurter Flughafen, du siehst gar nicht mehr aus wie ein chinesischer Hefeknödel!

1983, wir sind beide achtundzwanzig Jahre alt, sieht Tatsu in Düsseldorf im Kino meinen Film *Mitten ins Herz* und vergisst ihn nie, wie sie mir dreißig Jahre später erzählt. Genau erinnert sie sich an die allein lebende junge Frau mit den blau gefärbten Haaren namens Anna Blume, die sich in einen deutlich älteren Zahnarzt verliebt, der ihr anbietet, gegen ein monatliches Gehalt zu ihm zu ziehen, weil er sie unterhaltsam findet und ab und zu mit ihr ins Bett gehen möchte. Aber bitte ohne Gefühle. Das ist die Bedingung. Anna glaubt, ihn mit der Zeit erweichen und dazu bringen zu können, sich auch in sie zu verlieben. Aber sie schafft es nicht, sosehr sie sich bemüht.

Das fühlte sich an wie meine Geschichte!, ruft Tatsu, ganz genau meine Geschichte!

Es war auch meine, sage ich. Ich habe mit einem Mann zusammengelebt, an dem ich mir den Kopf blutig geschlagen habe wie an einem Stein. Ich wollte nicht einsehen, dass ich ihn nicht dazu bringen konnte, mich so zu lieben, wie ich glaubte, ihn zu lieben. Jahrelang habe ich mich abgemüht und sehnsüchtig darauf gewartet.

Frauen warten, sagt Tatsu. Das Wort warten klingt für mich seltsam. Sie liest von ihrem Handy ab: *Warten. Wärter. Wartung. Aufwarten, verweilen, bleiben, bis etwas Bestimmtes eintritt, harren, pflegen, ausschauen. Ausschau halten.*

Nach was halten wir Ausschau?

Nach dem Glück, sagt Tatsu, und das Wort klingt, als würde man es aus einer Flasche trinken: gluckgluckgluck. Und nie wird der Durst gelöscht.

Ich habe irgendwann nicht mehr gewartet, sage ich, sondern einen Film darüber gemacht. Am Ende bringt Anna Blume den Zahnarzt um: Sie wirft einen Föhn ins Badewasser.

Mit diesem Film, meinem ersten Kinofilm, werde ich 1984 auf das Internationale Filmfestival nach Tokio eingeladen. Ich weiß nicht viel über Japan, ich kenne und verehre die alten japanischen Filme, lese Abe Kobo, Soseki Natsume und Tanizaki Junichiro, der in seinem Buch *Lob des Schattens* die Dunkelheit, das Verhüllte und Schummrige als typisch japanisch beschreibt, im Gegensatz zum ausgeleuchteten, strahlend hellen und geheimnislosen Westen.

Als ich das erste Mal in Japan war, hat es mir den Boden unter den Füßen weggezogen. Mit einem Mal konnte ich nichts mehr lesen, verstehen, nichts mehr sagen, ich erlebte ein Gefühl größter, nie zuvor gekannter Fremdheit, und gleichzeitig zwang es mich, in mir selbst zu Hause zu sein.

Ja, sagt Tatsu, das verstehe ich.

Ich weiß noch genau, wie ich am Morgen nach meiner Ankunft aus dem Hotel getreten bin und nach wenigen Minuten nicht mehr wusste, wo ich war, keinerlei Orientierung mehr hatte, erzähle ich Tatsu. Die Orientierungslosigkeit wird zu meinem Grundgefühl in Japan, aber gleichzeitig fühle ich mich beschützt und aufgehoben. Nie bedroht. Nie muss ich Angst haben, in eine falsche Gegend und in Gefahr zu geraten, nachts allein auf der Straße überfallen und vergewaltigt zu werden. Diese Angst, die ich mir in den USA so sehr antrainiert hatte, dass es hier eine ganz und gar umwerfende Erfahrung für mich ist, als junge Frau umherstreifen zu können wie ein Mann! Ich will gar nicht mehr nach Hause zurückkehren, sondern immer weiter durch Japan reisen. Wie anders muss es dir dagegen in Deutschland ergangen sein.

Tatsu schweigt. Immer noch liegen wir in dem heißen Wasser, die Sonne ist hinter den Zedernwipfeln verschwunden, andere Frauen sind gekommen und gegangen, wir sind die Letzten. Wie losgelöst schwimmen meine Gliedmaßen im schwarzen Wasser, marmorweiß schwebt Tatsus Körper neben mir.

Ich fühle mich in Japan immer ein wenig wie unter Wasser, sage ich. Alles ist auf wunderbare Art immer noch und immer wieder fremd, niemand interessiert sich für mich, ich werde nur kurz beäugt, dann wendet man sich wieder von mir ab, und ich versuche, im Strom mitzuschwimmen, nicht zu sehr im Weg zu sein, nicht anzurempeln, nicht allzu auffällig zu sein.

Ich beneide dich, sagt Tatsu und hievt sich unvermittelt mit einem Ruck aus dem Wasser, geht die kleine Steintreppe hinauf zurück in den Umkleideraum. Ich sehe ihr nach, ihr runder Hintern leuchtet weiß wie ein Vollmond in der Dämmerung. Da sehe ich auf ihrem Rücken zwischen den Schulterblättern eine großflächige Narbe, wie von einer Brandwunde. Ich würde sie gern danach fragen, aber ich frage zu viel. Ich nenne es Neugier, Interesse am anderen, aber Fragen ist immer auch ein wenig obszön. Zudringlich. Wer darf fragen? Wer soll antworten? Immer auch eine Machtfrage. Der Überlegene fragt. Der Unterlegene soll antworten.

Es ist schon dunkel, als wir mit dem Zug zurückfahren. Kurz vor dem Ahornwald macht der Schaffner das Licht aus und schwenkt die Sitze wieder zu den Fenstern. Draußen ist der Wald jetzt beleuchtet. Wie auf einer Theaterbühne stehen dort die Bäume in ihren Kostümen, in feurigem Orange, Karmesin und Blutrot. Und wieder seufzen die Passagiere glückselig: aaaahhhh. Und dieses Mal seufze ich mit.

Tatsu kann nicht aufhören, an Wolle zu denken. Wie eine Krake hat er sich in ihrem Gehirn festgesaugt. Sie wartet und hat keine Ahnung, worauf. Er weiß doch gar nicht, wo sie wohnt. Sie sinnt auf Rache und weiß nicht, wofür. Sie wurde vertrieben, oder nicht? Die zerstörte Wackelpagode war doch ein deutliches Zeichen. Oder ist sie doch von selbst von der Kommode gefallen, und nur Tatsu hat sofort an Okiku denken müssen und überreagiert? War es ein Missverständnis, und Wolle versteht gar nicht, warum Tatsu verschwunden ist? Verzehrt sich in Wirklichkeit nach ihr? Macht sich größte Sorgen? Vielleicht auch Michi? Die Kinder sogar?

Sie muss zu ihm. Unbedingt. Sofort. Sieben Monate, nachdem sie Hannover verlassen hat, fährt sie zurück. Ernst August sitzt immer noch hoch zu Ross vorm Bahnhof, es nieselt wie immer, die

Linie 5 fährt von Stöcken nach Herrenhausen wie gehabt. Tatsu schleppt große Packungen *mochi*, süße Reiskuchen mit Sesamfüllung, in einer Reisetasche mit sich, denn ohne Gastgeschenk kehrt man nicht zurück. Die *mochi* hat sie für teures Geld in Düsseldorf gekauft, wo es viele japanische Restaurants gibt, in die sie sonst nie geht, sie kann sie sich nicht leisten. Sie wird erzählen, dass sie die *mochi* aus Japan mitgebracht hat, sie musste damals unverhofft zurückkreisen, ihre Mutter …

Oh, das tut uns sooooo leid, wird Michi rufen, arme Tatze! Warum hast du denn nicht wenigstens mal eine Postkarte geschrieben? Wir haben uns solche Sorgen gemacht! (Wird Michi überhaupt noch da sein? Vielleicht ist sie ja inzwischen ausgezogen und Wolle ganz allein mit den Kindern. Tatsus Herz macht einen kleinen Hüpfer.)

Wolle wird an seinem Bart zupfen, sie werden in sein Studio gehen, Tatsu wird singen, er wird ihre Flankenatmung überprüfen, und dann wird sie sich über das Klavier beugen – und alles wird sein wie zuvor. Die exakte Wiederholung der Vergangenheit erscheint ihr jetzt, wo sie endlich wieder hier ist, wie eine Kuscheldecke, in die sie sich nur noch schmiegen muss. Vielleicht denkt sie auch nur an eine Kuscheldecke, weil sie friert. Es ist November, der Pool im Garten abgedeckt, braunes Laub liegt auf dem nassen Gras, die letzten Buchenblätter trudeln in der eisblauen Dämmerung herab. Das Haus ist hellgelb erleuchtet, die Kinder sitzen vorm Fernseher und schauen Sesamstraße. Tatsu erkennt das blaue Krümelmonster, die roten Knollennasen von Ernie und Bert. Vom Garten aus sieht sie in den Bungalow wie auf eine Kinoleinwand, auf der ein seltsamer Film läuft. Sie sieht eine junge Frau mit schwarzen Haaren, die aus Wolles Studio kommt, eine Asiatin, keine Frage. Tatsu hat das Gefühl, sich selbst zu sehen. Wolle schlurft hinter ihr her, immer geht er so gebückt, fast wie ein alter Mann. Er geht in die Küche, Tatsu weiß, er wird sich ein Bier aus dem Kühlschrank holen, eine Zigarette anzünden. Die Asiatin setzt sich zu den Kindern aufs Sofa, Wolle quetscht sich eng neben sie, Tatsu sieht sie lachen. Wolle legt den Arm um ihre Schultern, den Kopf in ihren Schoß. Sie krault sein blondes Katzenhaar. Kermit, der Frosch, hüpft über die Mattscheibe. Michi kommt dazu, setzt sich auf die andere Seite des Mädchens, legt ihren Arm um sie. Alle lachen. Alle fünf. *Ichi, ni, san, yon, go,* zählt Tatsu. Fünf Menschen im Haus. Eine Familie. Alles wie gehabt. Nur ist die Neue dünner als sie. Und auf der Kommode neben dem Esstisch, auf der die Wackelpagode stand, ist jetzt ein Buddhakopf.

Nein, Tatsu schreit nicht, sie dreht nicht durch,

sie bricht nicht durch die Balkontür ins Wohnzimmer, sie stellt sich auch nicht schluchzend vor das Schlafzimmerfenster von Wolle und Michi und zählt laut bis neun. Sie kehrt um. Mit durchweichten Schuhen, nassen Haaren und der Tasche voller *mochi* fährt sie zum Bahnhof und zurück nach Düsseldorf. Allein im Abteil zieht sie die grünen Vorhänge zu und isst die *mochi* auf, eins nach dem anderen, bis sie sich fühlt wie ein riesiger weißer Reiskloß, gefüllt mit zäher schwarzer Trauer, die sich nie mehr ganz auflösen wird.

Erst nach und nach habe ich begriffen, sagt sie, was ich gesehen hatte. Es war wie ein langsam wirkendes Gift. Ich musste mir eingestehen, dass ich einfach ersetzt worden war. Ganz wie Okiku, die als Hausmädchen auch komplett austauschbar war. Es kommt einfach die Nächste, und die Vorgängerin wird zum Gespenst.

Nach Japan zurückkehren will Tatsu nicht, weil sie dort mit ihrer Mutter zusammenleben müsste. Außer, sie heiratet. Aber sie will keinen Mann, und außerdem ist sie in Japan sowieso bald ein *christmas keku,* ein trockener, alter Weihnachtskuchen, wie Frauen über fünfundzwanzig genannt werden, weil ein Weihnachtskuchen nach dem 25.12. einfach nicht mehr schmeckt.

Tatsu bleibt noch viele Jahre in Düsseldorf, gibt Klavier- und Gesangsstunden. Abends betrinkt sie sich mit Frau Nakamura. Es ist ihr bewusst, dass sie ein Alkoholproblem hat, aber im Rausch bekommt sie für kurze Zeit ihren Körper zurück und fühlt sich nicht mehr wie ein Gespenst. Sie hat zwei kurze Affären.

Frau Nakamura wird zunehmend anstrengend und wunderlich. Der Cellist hat sich endlich scheiden lassen, aber seitdem sieht sie ihn nicht mehr. Kurz nachdem Tatsu den Entschluss gefasst hat, sich eine eigene kleine Wohnung zu suchen, fällt Frau Nakamura die Treppe runter und bricht sich das Steißbein. Tatsu bleibt bei ihr und pflegt sie. Sie gibt ihr Bestes. Manchmal flieht sie ins Kino. Dort sieht sie meinen Film *Mitten ins Herz* und fragt sich, ob Wolle noch am Leben ist oder ob ihre Nachfolgerin oder die Nachfolgerin der Nachfolgerin ihn vielleicht umgebracht hat. Einen Föhn in die Badewanne geworfen hat.

Manchmal spielt sie mit dem Gedanken, noch einmal nach Hannover zu fahren, wieder in den Garten zu gehen, wieder auf den erleuchteten Bungalow zu schauen wie auf einen Film, in dem sie einmal mitgespielt hat und der einfach ohne sie weiterläuft. Immer weiter. Aber wofür? Um herauszufinden, welche Rolle sie wirklich gespielt hat? Sie fährt nicht. Frau Nakamura erholt sich nie mehr vollständig. Aber Tatsu bleibt und gibt weiterhin ihr Bestes. *Ganbatte.*

Im Hotel in Shinjuku werde ich an der Rezeption von Pepper, dem Roboter, begrüßt. Freundlich wackelt er mit seinem weißen Plastikkopf, und auf seiner iPad-Brust darf ich meine Sprache wählen.

Sehr erfreut, Sie bei uns begrüßen zu dürfen, sagt er auf Deutsch. Ich habe ein Nichtraucherzimmer für Sie reserviert.

Danke, Pepper.

Oh, bitte gerne, antwortet Pepper. Anscheinend hat ihn jemand aus Österreich programmiert. Möchten Sie derweil Musik hören, um den Vorgang der Registrierung für Sie kurzweiliger zu gestalten?

Leiwand, sage ich.

Ich habe Sie nicht verstanden.

Schon gut.

Er schlägt mir verschiedene Songs passend für meine Altersgruppe vor, ich wähle *Perfect Day* von Lou Reed. Und während Lou Reed davon singt, dass er Sangria im Park trinkt, Tiere im Zoo füttert und genießt, dass er sich selbst einen Tag lang vergessen und jemand anders sein darf durch die Anwesenheit einer geliebten Person, kommt eine livrierte Frau herbeigeeilt und schreibt unendlich langsam meinen Namen auf ein Papierformular und fragt mich mehrmals nach der richtigen Schreibweise. Ein kleines Mädchen in einem weißen Rüschenkleid läuft auf Pepper zu, schüttelt ihm die Hand, tippt auf dem iPad herum, *Perfect Day* bricht an der Stelle ab, an der Lou Reed resümiert, dass wir ernten, was wir gesät haben.

Pepper spielt jetzt *Frozen*, das kleine Mädchen bringt Pepper im Handumdrehen zum Tanzen, er wackelt mit dem Kopf und den Armen, das Mädchen nimmt ihn an der Hand, wiegt sich mit ihm im Takt und kichert. Die Empfangsdame und ich starren die beiden an und sehen die Zukunft.

Mein Zimmer ist winzig, das bin ich gewöhnt. Vom Bett aus kann ich Fenster, Fernseher und die Tür zur Nasszelle berühren. Ich versuche, mich daran zu erinnern, immer die Füße zu heben, um ins Badezimmer zu gelangen, auch nachts, um nicht über die ungewohnt hohe Schwelle zu stürzen. Ich sammle die kleine Plastikhaarbürste ein, die es immer gibt, und koche mir einen grünen Tee im Wasserkocher, der auch nie fehlt. Tatsu kommt exakt zur angekündigten Stunde, sie zieht in dem winzigen Hotelzimmerflur ihre Schuhe aus, stellt sie akkurat nebeneinander. Vorsichtig umarmen wir uns, wie ein rohes Ei das andere. Auf Zehenspitzen schwebt sie in mein Hotelzimmer, glatt und rund und völlig alterslos, keine einzige Falte, als wäre speziell für sie die Zeit angehalten worden.

Sie bringt zwei Mandarinen mit und Mandeln in schwarzer Schokolade. Meine Vorlieben hat sie sich sechs Jahre lang gemerkt. Stumm lächelnd sitzen wir eine Weile auf meinem Bett. Ich kann nicht mehr gut laufen, sage ich. Mein Knie. In Kyoto damals ging es los, weißt du noch? Ich kam nicht mehr gut die Treppen rauf.

Sie winkt ab. Bei mir sind es die Hüften.

Ich hasse das Älterwerden.

Du darfst es nicht hassen, sagt sie ruhig, dann wird es nur schlimmer, wie alles, was man hasst. Ich gebe mich ihm ganz langsam hin. Wie einem Liebhaber, der mich liebt, wie ich bin.

Mit der Ginza-Linie fahren wir nach Kappabashi, wo man alles an Küchenzubehör kaufen kann, was das Herz begehrt oder auch nicht begehrt, und zahllose Dinge, die ich glaube, unbedingt um den halben Globus mit nach Hause schleppen zu müssen. Schalen in allen Größen aus Keramik, Plastik und Lack, Teebecher, Tabletts und Etageren für Sushi, winzige Schälchen für Saucen, Wasabi-Reiben, Schöpfkellen, Bambuskörbchen, Stäbchen, Nabe-

Töpfe – und natürlich Messer. (Erinnern Sie sich an den gedeckten Tisch mit dem Teller, der Puppe und dem Messer?) Jeder Koch und jede Köchin in Tokio kauft sich hier die passenden Messer, vor allem die berühmten Fischmesser für Sushi. Immer noch gibt es kaum Sushi-Köchinnen, da sich hartnäckig der Glaube hält, Frauenhände, da sie wärmer sein sollen als Männerhände, würden den empfindlichen Fisch zerstören.

Oben auf einem Haus prangt seit ewigen Zeiten der Kopf eines westlichen Kochs mit riesigem Schnurrbart und Kochmütze. Nicht weit entfernt davon die Bronzestatue der mythologischen Figur Kappa, was so viel heißt wie »Flusskind«. Sie ähnelt einem Froschmann, hat eine Eidechsenhaut und einen Schnabel. Der Kappa lebt in Flüssen und Seen oder in den alten Kanälen hier im Viertel, erklärt Tatsu, er wartet unter Wasser auf seine Opfer, denen er das Blut aussaugt, deren Leber er isst und denen er die Seele aus dem Hintern schlürft.

Aus dem Hintern schlürft, wiederhole ich.

Tatsu nickt fröhlich. Ja. Aus dem Arschloch. Sie spricht das Wort so langsam aus, dass ihre Lippen ein deutliches A und O formen. Ich fürchte mich vor ihm und mag deshalb keine Flüsse. Hannover an der Leine kam mir auch darum unheimlich vor, ich habe mich damit getröstet, dass die drei großen

bunten Nanas von Niki de Saint Phalle am Leine-
ufer den Kappa in die Knie zwingen würden.

Die Nanas! Meine Großmutter fand sie wegen
ihrer monströsen Weiblichkeit ganz furchtbar. Ich
habe sie immer dafür ausgelacht.

Tatsu zeigt auf einen überdimensionalen Nashornkäfer, der an einer Fassade hängt. Der Käfer
heißt *kabutomushi*. *Mushi* ist das Insekt, und *ka-
buto* der Helm, er sieht aus wie ein Samurai-Helm,
und die Käfer gelten als besonders hart im Nehmen. Als Kinder haben wir sie gesammelt, sie werden über fünf Zentimeter groß. Man kann sie auch
in Kaufhäusern als Haustier kaufen. In Düsseldorf
habe ich lange einen Hirschhornkäfer in einem
Glas gehalten, nicht ganz dasselbe, aber er sollte
mich an meinen Überlebenswillen erinnern. Und
bis heute spiele ich wahnsinnig gerne *Mushihime-
sama,* »Insektenprinzessin«, ein *shooter game,* die
Prinzessin reitet auf einem Nashornkäfer, und alle
Gegner sind riesige Insekten. Die ballere ich dann
weg.

Tatsu lächelt verträumt, sie sieht aus wie sech-
zehn. Eine vierundsechzigjährige Frau, die nach
ihren Klavierstunden in ein winziges Apartment in
Tokio nach Hause kommt, sich vor den Laptop
klemmt und als Prinzessin von einem riesigen Nashornkäfer herab mit automatischen Waffen um sich

schießt, mir aber gerade noch erklärt hat, sie gebe sich dem Alter hin wie einem Liebhaber. Dieses so konventionell scheinende Land hält ganz andere Fluchtmöglichkeiten parat, als ich mir träumen lasse.

Wir kehren in einem engen Soba-Restaurant ein, die Besitzer sind uralt und grillenartig, das Restaurant seit ewigen Zeiten nicht mehr renoviert, es ist schummrig dunkel, an der Wand hängt ein längst nicht mehr funktionierendes rosa Münztelefon. Ich erinnere mich an den abgrundtiefen Schmerz, mit dem ich vor vielen Jahren in einen rosa Hörer geschluchzt habe.

Gibt es einen tieferen Schmerz als den Verlust?

Ich bin im Alter glücklicher geworden, sage ich. Und du?

Man will sich nicht mehr in den nächsten Brunnen stürzen, sondern macht einfach weiter, pflichtet mir Tatsu bei. Lächelnd weine ich.

Oh, das ist wieder so japanisch!, wende ich ein.

Ja, sagt sie, und ihr wollt, dass jeder sieht, dass ihr unglücklich seid.

Wir. Ihr. Ist doch Quatsch, sage ich.

Wenn ich lächele, vergesse ich darüber manchmal, dass ich eigentlich weine, sagt Tatsu. Es ist ein Trick. Ihr kennt so wenig Tricks.

Tricks, um zu überleben?, frage ich.

Um weiterzuleben. Zum Beispiel glaubt ihr, dass Reden hilft. Analysieren. Besprechen.

Ja, das glaube ich schon.

Manchmal ist der Schatten gnädiger als das Licht, sagt sie.

Ach, hör auf, das ist doch Quark, das glaubst du doch selber nicht.

Tatsu schweigt, und wie so oft weiß ich nicht, ob wir an eine Grenze der Verständigung zwischen Ost und West geraten sind, oder zwischen Tradition und Moderne. Junichiros Beschwören des Schattens habe ich lange für romantisch gehalten, bis mir auffiel, dass es auch reaktionär ist. Nichts verändern. Alles im Ungefähren lassen. Nichts ans Tageslicht holen. Das Hässliche verdunkeln, bis es unsichtbar wird.

Ich frage Tatsu, ob sie *Lob des Schattens* kennt. Sie verneint und will auch gar nicht weiter über Licht und Schatten reden, stattdessen schenkt sie mir ein höllenscharfes Gemüsemesser, das sie gekauft hat und mit dem ich mir Monate später fast den Zeigefinger abschneiden werde. Wie durch Butter geht das Messer durch das Fleisch hindurch, ich spüre nichts. Erst als das Blut über das Schneidebrett rinnt, kommt der Schmerz. Mir schießt der Begriff *yubitsume* durch den Kopf, das Ritual der Yakuza, die sich zum Zeichen der Entschuldigung und Wiedergutmachung den kleinen Finger abschneiden. Hat Tatsu mir das Messer geschenkt, damit ich mich dafür entschuldige, dass ich ihre Geschichte aufschreibe? Das ist natürlich Unsinn, dennoch tippe ich mit dick verbundenem Finger nach langer Zeit eine Mail an sie und frage, wie es ihr so geht. Postwendend kommt ihre Antwort: Gut. Ich habe darauf gewartet, dass du dich meldest. Ist etwas passiert?

Abends im No-Theater – Tatsu hat mich eingeladen und die sündhaft teuren Karten bezahlt – muss ich mir immer wieder vorstellen, wie sie als Prinzessin auf dem Riesenkäfer reitet, denn auf der Bühne geschehen ähnlich bizarre Dinge, begleitet von schräger Orchestermusik und schrillem Gesang. Es ist mir zutiefst fremd, aber dann trifft mich die seltsame Geschichte aus dem 10. Jahrhundert, die an diesem Abend aufgeführt wird (*Izutsu*, was so viel heißt wie »Holzummantelung des Brunnens«) unverhofft ins Herz. Eine romantische Liebesgeschichte zwischen einem Jungen und einem Mädchen wird erzählt, die sich als Kinder verlieben und ihr Wachstum über die Jahre an der Holzwand des Brunnens messen und vergleichen. Erst ist der Junge kleiner, dann (natürlich) das Mädchen. Als sie erwachsen sind, heiraten sie, es ist die große

Liebe, und dennoch beginnt der Mann eine Affäre mit einer anderen Frau, die hinter dem Berg lebt. Seine Ehefrau erfährt davon, aber sie protestiert nicht, sagt nichts, geduldig wartet sie auf seine Rückkehr. In einer Rahmenhandlung besucht ein Mönch einen Tempel und trifft dort eine junge Frau, die aus einem Brunnen Wasser schöpft. Sie wird »die Frau, die wartet« genannt, weil sie ihrem untreuen Mann weiterhin die Treue hält.

Der Mönch erkennt, dass er mit einem Geist spricht, und in der Nacht erscheint die junge Frau ihm im Traum. Dieses Mal ist sie als ihr Ehemann verkleidet, sie erzählt von früher, von den glücklichen Tagen ihrer Ehe. Als sie sich in ihrer Verkleidung im Brunnen spiegelt, sieht sie das Spiegelbild ihres tatsächlichen Mannes, auf den sie schon so lange wartet, und sich selbst als alte Frau.

Mit einem Mal erkennt sie, dass sie in all den Jahren des Wartens alt geworden ist. Die Musik erstirbt, es wird ganz still. Neben mir schluchzt Tatsu lautlos mit zuckenden Schultern, und als ich mich umsehe, entdecke ich überall ältere Damen, die in ihre Taschentücher weinen. Die Frau, die wartet, ist die Heldin der Geschichte. Alle Frauenrollen werden traditionell von Männern gespielt, also spielt hier ein Mann eine junge Frau, die sich wiederum als Mann verkleidet und dann erkennt, dass sie eine alte Frau geworden ist. Und alle Frauen um mich herum identifizieren sich mit ihr, mit der Frau, die geduldig wartet und wartet und wartet.

Worauf warten wir? Wonach halten wir immer noch Ausschau?

Wir sitzen auf Tatamis in Tatsus klitzekleiner Wohnung in Shinjuku, in die ich nur mit Mühe hineinpasse. Tatsu hat den Tisch gedeckt. Ein klassisches deutsches Kaffeeservice mit Goldrand. Es gibt Baumkuchen, den sie extra für mich in der Filiale der Holländischen Kakao-Stube von Hannover im Kaufhaus Isetan gekauft hat. Tatsu schneidet den Baumkuchen mit einem überdimensionierten Messer in hauchdünne Scheiben und sagt, während sie schneidet, lächelnd: Ich habe dich angelogen, ich habe nach dem Bad in der Goseriede doch öfter an Selbstmord gedacht. Als ich das erste Mal aus Hannover floh. Als ich das zweite Mal aus Hannover zurückkam. Als ich nach dem Tod von Frau Nakamura in Düsseldorf nicht mehr weiterwusste. Als ich deshalb nach Japan zurückkam und auch hier nicht weiterwusste. Als die zwei Liebesgeschichten, die ich Jahre später hatte, furchtbar schiefgingen. Als meine Tanten starben, meine Mutter starb, meine Kusinen und ich mit einem Mal keine Familie mehr hatte. Niemanden.

Ich wandelte unter den Bäumen mit meinem Gram allein. Tatsu singt leise, und die Melodie zieht über unseren Köpfen davon.

Es gibt ein anderes Schumann-Lied, auch von Heinrich Heine geschrieben, das liebe ich besonders, fährt sie fort. Keine Angst, es ist ganz kurz. Sie setzt sich ordentlich auf die Knie, legt die Hände auf die Oberschenkel, richtet sich auf, atmet tief ein und singt laut: *Anfangs wollt ich fast verzagen, und ich glaubt' ich trüg' es nie. Und ich hab es doch getragen, – aber fragt mich nur nicht, wie?*

Tatsu hält den letzten Ton, senkt den Kopf, ihr Brustkorb schwillt an, der Busen bebt – und dann bricht sie in schallendes Gelächter aus. Das war's, lacht sie. Das Ende vom Lied. Das war alles. Das war's.

Wir kichern. Schweigen. Hören dem Verkehr zu, dem Zwitschern der Ampeln, den Krähen.

A perfect day.

So ganz stimmt das nicht, sagt Tatsu.

Was?

Dass ich nicht mehr weiterwusste in Düsseldorf und deshalb nach Japan zurückgegangen bin.

Ich weiß, dass ich auf gar keinen Fall nachfragen darf.

Sie sieht in ihren Schoß. Es war im April, sagt sie leise. Ein schöner Tag. Die Kirschbäume blühten.

Hanami! Mir sang das Herz. Ich ging in Düsseldorf die Straße entlang von meiner Wohnung zur Bushaltestelle. Wie jeden Tag, jahrelang, immer derselbe Weg, als mir mit einem Mal ein Mann entgegenkam und mir mit voller Kraft in den Bauch trat. Ich sah noch, wie sein Bein nach oben schnellte, aber im ersten Augenblick stellte ich keine Verbindung her zwischen dieser Bewegung und meinem Schmerz. Ich klappte zusammen wie ein Taschenmesser, fiel auf den Asphalt, wusste, dass mir der Sturz die Strümpfe zerreißen würde. Ich dachte an meine Strümpfe! Der Mann trat mir mehrmals mit einem schweren Schuh an den Kopf und schrie: Du chinesische Fotze! Du gehörst nicht hierher! Hast du das verstanden, du Fotze?

Ich kannte das Wort nicht. Habe es später im Wörterbuch nachgeschlagen. Vor mir an der Bushaltestelle standen andere Leute. Ich lag dort, konnte nicht aufstehen, nur den Kopf heben. Sie sahen zu mir her, dann kam der Bus, und sie stiegen ein. Das hat fast mehr geschmerzt als die körperliche Attacke. Ich habe versucht, mich zu beruhigen. Eine Ausnahme. So etwas war mir nie zuvor geschehen. Ein Verrückter. Ich konnte mich nicht an den Mann erinnern, weder an sein Alter noch an sein Aussehen. Wie ein blinder Fleck. Vielleicht wollte ich mich nicht erinnern. Und außerdem hatte er mich Chinesin genannt, also galt es mir ja eigentlich gar nicht. Ich erfand die blödesten Ausreden, um mich nicht persönlich gemeint zu fühlen und so den ganzen Vorfall zum Verschwinden zu bringen. Das klappte sogar ganz gut.

Bis ich genau drei Monate später an der Bushaltestelle stand, an einem kühlen, regnerischen Tag, einen Rucksack voller Noten auf dem Rücken. Mit mir warteten nur ein paar junge Männer, denen ich keine Beachtung schenkte, wie man es als Frau eben macht, wenn man allein mit Männern an einer Bushaltestelle steht. Ich hatte mich falsch angezogen und fror ein wenig, als mir mit einem Mal ganz warm am Rücken wurde. Ich verstand nicht. Die Männer kicherten. Eine Flamme leckte heiß an meinem Ohr. Sie hatten meinen Rucksack angezündet. Er brannte bereits lichterloh. Ich warf ihn ab, aber die Flammen hatten sich durch meinen Mantel gefressen. Ich warf mich auf den Boden in eine Pfütze, löschte so das Feuer. Wie ein Käfer auf dem Rücken, wie ein *kabutomushi* lag ich dort. Die Männer lachten und liefen davon. Der Bus kam, der Fahrer stieg aus und fragte mich, ob alles okay sei. Ich konnte mit einem Mal kein Deutsch mehr. Konnte nicht erklären, was geschehen war. Ich stammelte okay, okay, stand auf und ging nach Hause, legte mich auf den Bauch ins Bett, machte kein Licht, verkroch mich im Dunkeln, hoffte, dass die Dunkelheit die Erinnerung an das Feuer auslöschen würde. Erst als ich so schlimm Schüttelfrost bekam, dass ich nicht mehr aufhören konnte, mit den Zähnen zu klappern, ging ich zum Hausarzt. Er lieferte mich in eine Klinik ein.

Es war eine mittelschwere Verbrennung, wieder und wieder fragte man mich, wie das denn passiert sei, aber ich schwieg. Ich konnte es einfach nicht sagen. Ich habe mich geschämt. Warum habe ich mich geschämt? Weil der, der nicht dazugehört, sich immer schämt. Weil er nicht dazugehört. Dafür schämt er sich.

Sie verstummt. Möchtest du noch ein Stück Baumkuhu?, fragt sie dann. Aus Shinjuku. Und Hannover.

III

Marrakesch

Ein Geheimnis ist wie ein Stachel im Herz. Vielleicht trage ich einen ganzen Kaktus im Herzen, Geheimnisse, die ich längst vergessen habe, aber das eine Geheimnis spüre ich jedes Mal, wenn ich reise, so wie ein kleiner, kaum sichtbarer Holzsplitter im Finger nur dann schmerzt, wenn man etwas berührt. Wenn ich mit einem Mann reise, erinnere ich mich an diesen Stachel: Die Flugzeugtür öffnet sich, und ein süßer, warmer, betörender Geruch nach Marzipan schlägt mir entgegen. Mit einem Schlag bin ich glücklich, vergesse, dass der Mann, mit dem ich unterwegs bin, seit Tagen nicht mehr mit mir spricht, und wenn es in den nächsten Wochen unerträglich mit ihm wird, laufe ich aus der kleinen Hütte am Strand und atme diesen unvergleichlichen Marzipangeruch ein, der mich an Lübecker Marzipanbrot, Weihnachten und an meine Eltern erinnert und tröstet wie ein Bonbon ein heulendes Kind. Nur kurz, aber immerhin. Ich kann nicht fliehen, weil ich kein Geld habe und mir einbilde, ihn zu lieben. Ich bin abhängig. Ich bin die junge Geliebte eines älteren Mannes mit Geld. Das wollte ich nie, nie sein. Das ist der Stachel in meinem Herzen.

Mehr als vierzig Jahre später reise ich mit meiner Freundin Eva für zehn Tage nach Marokko. Es ist Februar, der Monat, in dem ich wintermüde und deshalb schlecht gelaunt bin, wir freuen uns auf ein wenig Sonne. Die Reise soll uns eine kleine Pause von unserem Alltag und unseren Problemen gewähren, aber gleich am zweiten Tag entgehen wir nur haarscharf dem Verderben. Eva hat große Pläne gemacht und bereits einen Fahrer organisiert, der uns ins Atlas-Gebirge fahren soll. Ich füge mich, wütend, dass sie mich nicht gefragt und über meinen Kopf hinweg entschieden hat. Eigentlich sollte ich das gewöhnt sein, denn ich bin schon oft mit Eva gereist. Sie plant, liest alle erhältlichen Reiseführer und erstellt Wochen zuvor eine Liste von Unternehmungen, die sie auf keinen Fall verpassen will, Orten, die sie unbedingt sehen, Mitbringseln, die sie unbedingt kaufen will. Ich dagegen bereite mich absichtlich nicht vor, um möglichst wenig zu wissen und zu erwarten. Ich möchte mich überraschen lassen, und am liebsten sitze ich stundenlang auf einem Platz herum, schaue dem Geschehen zu und sammele langsam meine Eindrücke vom fremden Ort. Eva und ich könnten nicht unterschiedlicher sein. Dennoch sind wir seit fast dreißig Jahren eng befreundet und reisen gern zusammen. Und streiten eigentlich immer.

Unser Fahrer ist ein älterer, seriös wirkender Herr mit Brille. Er fährt einen ziemlich neuen Mercedes, was ich als vertrauenerweckend vermerke – wieso? –, und erzählt uns nach wenigen Minuten ungefragt, dass er seiner Frau im Haushalt hilft, das Geschirr abtrocknet, die Wäsche sortiert, sogar staubsaugt. Er hat uns exakt eingeschätzt: Zwei allein reisende ältere Damen aus Deutschland, die garantiert ein total emanzipiertes Leben führen und sich im Nu über unterdrückte Frauen in Marokko empören. Brav loben wir ihn für seine Hausarbeit und verdrehen die Augen.

Wir zuckeln durch endlose, staubige Vororte von Marrakesch, es gibt nichts Interessantes zu sehen, nach langer Fahrt ein paar Palmenhaine, bis endlich und überraschend in der Ferne die weißen Gipfel des Atlas-Gebirges aufglänzen. Eva ist begeistert, ich denke: Ein Berg ist auch nur ein Berg. In langen Serpentinen schrauben wir uns nach oben, die Landschaft wird karger, die Luft klarer und kühler, bis der Fahrer an einem Aussichtspunkt anhält und uns auffordert auszusteigen, einen kleinen Spaziergang zu machen. Bis zur nächsten Kurve, sagt er und nickt uns aufmunternd zu. Genießen Sie die Luft! In Marrakesch erstickt man ja fast im Winter!

Und als wir zögern, fügt er hinzu: Lassen Sie nur alles hier im Auto, ich hole Sie ja gleich wieder ab.

Nun halten auch wir einen kleinen Spaziergang für eine gute Idee und steigen aus. Gehen los. Die Straße ist leer. Kein einziges Auto kommt uns entgegen oder überholt uns. Die Gegend ist karg, kein Baum, kein Strauch, nur Geröll. Unten in der Ebene liegt wie eine schmutzige gelbe Decke der Smog von Marrakesch, aber über uns leuchten die weißen Schneegipfel vor admiralsblauem Himmel.

Dieses Blau! Herrlich!, ruft Eva, wie sie immer »herrlich« ruft, wenn ihr etwas gut gefällt, was mich wie immer zu einer reflexartigen Relativierung herausfordert, die mir selbst verhasst ist.

Ja, sage ich, schon schön, aber auch nicht viel anders als die Berge im Engadin.

Du Blöde, sagt Eva und lacht.

Wir laufen los und reden über die Alpen, das Engadin, wo wir zusammen Winterferien verbracht haben, den Piz Buin, den wir beide lieben. Meine Mutter schmierte uns Kindern früher eine gelbe stinkende Sonnencreme aus einer braunen Tube ins

Gesicht, auf der der weiße Gipfel des Piz Buin abgebildet war.

Unterhalb des Piz Buin wache ich an einem Wintermorgen auf und weiß, dass ich keine Witwe mehr sein will. Kurze Zeit später finde ich tatsächlich meinen jetzigen Mann. Das weiß ich an diesem Morgen noch nicht. Die Luft schmeckt von da an anders. Die Schneekristalle beginnen zu funkeln. Der Himmel scheint blauer. Ich esse wieder. Bekomme jeden Tag mehr Hunger. Schmiere morgens in der Pension am Frühstücksbuffet heimlich Semmeln, die ich während des Aufstiegs zum Piz Buin vertilge. Als wir wieder abfahren, läuft mir die Pensionswirtin mit einem Zettel hinterher: zwanzig gestohlene Semmeln zu 8 Franken das Stück. Woher wusste sie das?

Sie hatte wahrscheinlich ein Guckloch von der Küche in den Frühstücksraum, sagt Eva lachend, und hat die ganze Zeit eine Strichliste geführt.

In unseren Gedanken sind wir beide im Engadin und nicht im Atlasgebirge. Ich erinnere mich an die Anekdote von der amerikanischen Touristin, die auf Safari in Kenia aus dem Bus steigt und begeistert ruft: *It looks just like Arizona!*

Es scheint ein Reflex zu sein, alles Fremde sofort mit etwas Vertrautem abzugleichen, um sich nicht ganz so fremd zu fühlen.

Wir gehen also schwatzend durchs Engadin, während unser Blick über die weißen Gipfel des Atlasgebirges schweift, wir laufen weiter und weiter, bis uns beide im selben Augenblick ein Gedanke wie ein Stromschlag durchfährt. Wir haben unsere Handtaschen mit Handy, Pass, Geld, Kreditkarten bei einem völlig Fremden im Auto liegen lassen!

Erschüttert drehen wir uns um und sehen in weiter Entfernung den eierschalengelben Mercedes hinter uns, der gleich mit quietschenden Reifen davonfahren wird, einen glucksenden Mann am Steuer, der die Blödheit dieser beiden Touristinnen nicht fassen kann. Der Trick mit der Hausarbeit hat wieder funktioniert, wie die Lämmer haben sie sich ihm anvertraut, dem bösen, bösen Wolf im Schafspelz, und haben ihm aufs Wort gehorcht.

Entsetzt starren wir auf die unwirtliche und verlassene Gegend, in der wir ausgesetzt wurden, ohne Telefon, ohne Wasser, wir sehen bereits vor uns, wie man uns völlig entkräftet aufgreift, entführen und als Geisel in einer Steinhütte halten wird, wo wir am Ende jämmerlich sterben werden, ohne dass irgendwer jemals wieder etwas von uns gehört hat. Nie mehr werden wir nach Hause kommen. Dies ist das Ende.

Der Mercedes bewegt sich nicht. Den Fahrer

können wir hinter der Windschutzscheibe kaum erkennen. Wenn wir jetzt panisch auf ihn zurennen, würde es sein Vergnügen, an uns vorbei davonzufahren, wahrscheinlich nur vergrößern. Sollen wir ihm ein Zeichen machen? Aber warum? Wozu? Er würde nur höhnisch lachen über unser idiotisches Abschiedswinken. Wir stöhnen wie unter körperlichen Schmerzen, reglos stehen wir da, während sich unsere Gedanken sinnlos im Kreis drehen. Was tun? Was tun? Was tun? Da setzt sich der Mercedes langsam in Bewegung. Wirklich? Oder bilden wir es uns nur ein? Doch, doch, in Zeitlupe rollt er auf uns zu. Will er uns foppen? Uns Hoffnung machen, um dann so richtig durchzustarten? Aber er fährt weiter, kommt näher und näher, wir dürfen jetzt keine falsche Bewegung machen. Uns unsere Panik nicht anmerken lassen. Wir rühren uns nicht von der Stelle. Wenn wir jetzt überhastet auf ihn zulaufen, legt er vielleicht den Rückwärtsgang ein, lacht aus vollem Hals, genießt seinen Triumph über diese blöden Weiber aus dem Abendland, die einen Spaziergang machen wollten im Atlas, wo doch jeder Mensch weiß, dass man hier nicht allein herumspaziert, schon gar nicht als Frau! Besonders nicht als Frau!

Langsam rollt der Wagen weiter, bis er direkt vor uns zum Stehen kommt.

Beautiful, no?, fragt der Fahrer, und wir nicken stumm. Steigen ein. Sagen kein Wort mehr, wie betäubt von unserer Blödheit und vor Scham über unsere Vorurteile, unser Misstrauen, unsere Klischees, auch das eigene: hilflose ältere Frauen in der Fremde. Antiheldinnen. Mit einem Mann an unserer Seite wäre das nicht passiert. Wirklich?

Mit allen Männern, mit denen ich zusammen war, bin ich gereist. Mit manchen viel, mit anderen wenig, aber mit jedem von ihnen bin ich gereist. Mit Männern zu reisen gehörte fest zu meiner Glücksvorstellung, aber fast immer war es kompliziert. Selten passten die Bedürfnisse zusammen, unmöglich, sie harmonisch aufeinander abzustimmen. Warum? Es war schwierig, die eigenen Wünsche und Bedürfnisse überhaupt zu formulieren, sie waren so vage, so unklar, veränderten sich von einer Minute auf die andere, erschienen abwechselnd zu groß oder zu klein, und die des anderen zu erraten bedeutete eine permanente Anspannung. Was möchte er? Was machen wir heute? Wohin gehen wir? Frühstücken wir jetzt oder später? Nehmen wir den Bus? Oder gehen wir zu Fuß? Bleiben wir hier sitzen? Oder gehen wir weiter? Wollen wir ein Museum anschauen? Oder lieber nicht? Gehen wir in einen Laden? Wartest du auf mich? Ist dir langweilig? Was möchtest du machen? Möchtest du etwas anderes? Möchtest du jetzt schlafen? Oder essen? Oder Sex haben? Oder gar nichts? Sollen wir einfach nur so dasitzen? Wir können doch nicht einfach nur so dasitzen und nichts machen, dafür sind wir doch nicht hierhergekommen? Oder doch?

Die Bewegung miteinander war nur selten flüssig, ein ewiges Stop-and-Go, begleitet von wilden Gefühlen, von Wut und Hilflosigkeit und der Angst, etwas kaputt zu machen und dann allein zurückzubleiben.

Ein Mann drohte ständig damit, mich zu verlassen. Besonders an fremden Orten, von denen ich allein kaum zurückgefunden hätte, drohte er damit.

Ich gehe!, schrie er und ging. Oder er schrie nicht, ging einfach, und angstvoll wartete ich stundenlang auf seine Rückkehr.

Auf einer nach Marzipan duftenden Insel in der Karibik.

In einem dunklen Dorf in Ecuador.

Auf einem Ponyhof in Niederbayern.

Auf einer einsamen Straße in Italien.

In einem Hotel in Mexiko.

Am Strand von Kalifornien.

An einem Bahnhof in Saskatchewan.

Auf einer Skipiste in Österreich.

In der Stierkampfarena von Pamplona.

Immer kam er zurück. Bis ich nach Jahren ging und nicht mehr zurückkam.

Ich habe Eva nach Marrakesch geschleift, damit sie ihren Kummer über ihren Ruhestand vergisst. Er hat sie in tiefe Unruhe versetzt. Nach dreißig Jahren als Editorin an der Filmhochschule kann sie sich nicht daran gewöhnen, keinen strukturierten Alltag mehr zu haben, keine tägliche Ansprache und keinen kleinen Flirt auf dem Flur. Keine Aufgabe. Sie findet auch keine neue.

Ich will mein Leben zurück, sagt sie. Warum wird einfach von oben verfügt, dass ich mein altes Leben nicht mehr haben darf? Gerade eben erst durfte ich überhaupt in diesem Beruf arbeiten, unsere Mütter durften das noch nicht, und schon werden mir meine Arbeit und mein öffentliches Leben wieder weggenommen. Soll ich jetzt mit einem Mal wieder unsichtbar im Haus sitzen?

Such dir doch ein Ehrenamt, schlage ich vor.

Ich will kein Ehrenamt, kein Hobby, keine Kurse an der Volkshochschule, kein Senioren-Power-Walking und auch keine Kunstführungen am Vormittag. Ich will zurück, was ich hatte! Meinen Platz in der Welt. Und ja, auch die Blicke, die kleinen

Komplimente, ein wenig Neid, ein bisschen Wichtigtuerei, die kleinen Intrigen, den Schwatz in der Kaffeeküche, den Flurfunk, all das. Plötzlich sieht mich niemand mehr, und ich sehe niemanden mehr. Mit einem Mal bin ich ein Gespenst, auch für mich selbst.

Im Alter werden wir alle zu Gespenstern, sage ich.

Wie aufmunternd du bist. Danke!

Dann geh halt auf Instagram, poste deine Katze, die Bücher, die du liest, die Pflanzen, die du ziehst, das Essen, das du kochst, hol dir jeden Tag ein paar *likes*, das muntert auf. Echt. Glaubt man nicht, aber so ist es.

Ich hasse *social media* und ihre verfluchte Manipulation, sagt Eva.

Aber du würdest dich sichtbarer fühlen. Es funktioniert. Deshalb machen es doch alle.

Und gleichzeitig werden wir immer einsamer.

Manche auch gerade deshalb nicht. Wie kannst du das beurteilen, wenn du dich dort überhaupt nicht auskennst?

Da nehme ich lieber dieses Kraut gegen depressive Verstimmungen, wie heißt es noch gleich?

Wir kommen beide nicht drauf.

Bis zum Gate am Flughafen München sind es 2870 Schritte, sagt meine App. Eine Mutter zieht ihr Kind am Arm hinter sich her, es schleift mit dem Po auf dem Boden und kreischt. Eine Sicherheitsfrau kaut Kaugummi und starrt ins Leere. Ihr Kollege fragt: Hattest du schon Pause? Eine Frau mit Louis-Vuitton-Koffer schreit ihren Mann an, der ebenfalls einen Louis-Vuitton-Koffer hinter sich herzieht: Ich hab es satt, immer die Letzte am Gate zu sein.

Kleine Kinder schieben kleine Koffer in Gestalt von Katzen und Hunden.

Müde Geschäftsleute mit gelösten Krawatten starren mit leerem Blick auf ihre Handys.

Ein junges Paar in Trekking-Klamotten teilt sich eine Flasche Vitamin-Wasser für fünf Euro. Ein älteres Paar mit teuren Wanderschuhen liest die *Zeit*.

Eine Gruppe Teenager sitzt am Boden und fotografiert sich kichernd gegenseitig. Chinesische Touristen stehen eng zusammen und lauschen den Anweisungen der Reiseleiterin.

So war es, als wir noch reisten.

Eva bekommt jetzt oft Angst. Sie hat mir verboten, Geschichten über Krankheit und Tod zu erzählen. Alles, was schwarz und düster ist, soll verbannt werden, denn sonst droht sie darin zu versinken.

Erzähl mir nichts Schlimmes. Bitte nichts Schlimmes.

Also muss etwas Buntes her, und so fällt mir Marrakesch ein. Bunt, fremd, weit weg, vielleicht schon warm im Februar. Alle Bekannten und Freunde waren anscheinend schon dort, in fast identischen Worten schwärmen sie von den Farben, dem Essen und dem Djemaa el Fna. Den Gauklerplatz habe ich in so vielen Dokus auf Arte vorbeiziehen sehen, dass ich ihn bereits zu kennen glaube: die dressierten Äffchen, Schlangenbeschwörer und Geschichtenerzähler, die vielen Händler in bunten Djellabas, Obstpyramiden, Nüsse und Datteln, Gewürze, qualmende Fleischgrills, verschleierte Frauen, laute Rufe und Geschrei, die gesamte Inszenierung des Orients. Genau die scheint mir jetzt die richtige zu sein. Geschichten aus Tausendundeiner Nacht zur Ablenkung für Eva. Auch ich kann Ablenkung gebrauchen, mein letzter Film wurde nicht zur Berlinale eingeladen, ich halte ihn für einen meiner besten und bin verletzt, beleidigt, obwohl ich doch eigentlich weiß, dass Festivaleinladungen ein Lotteriespiel sind und nichts mit der Qualität eines Films zu tun haben. Aber ich bin verunsichert und weiß nicht, wie viele Filme ich noch machen darf, denn auch ich bin älter, als ich mir jemals hätte vorstellen können.

Wir steigen auf in den blassblauen Himmel über Bayern. Eva sitzt am Fenster. Natürlich sitzt sie am Fenster. Ich lasse ihr den Vortritt, wie ich ihr immer den Vortritt lasse, und ärgere mich wie immer darüber, dass sie den Vortritt annimmt.

So viele Kirchen, sagt Eva, in jeder winzigen Ortschaft eine. Wer glaubt noch daran? Wie schön wäre es, an irgendetwas glauben zu können.

An einen alten weißen Mann mit einem langen Bart?

Ja – so letztes Jahrhundert. Woran glaubst du?

An $E = mc^2$, sage ich flapsig. Energie geht nicht verloren.

Meine schon, sagt Eva. Ich hab so viel weniger Energie als früher. Wo ist sie hin?

In deinen Basilikum, der wächst wie verrückt. Da ist sie hin.

Eva kichert. Es ist mein Job, sie zum Lachen zu bringen. Nicht nur sie. *Let me entertain you.* In den USA heißt das Filmgeschäft *entertainment industry.* Ich arbeite als Unterhalterin. Aber warum bin ich Unterhalterin geworden? Die Antwort darauf kenne ich schon lange: Wenn ich andere unterhalte, unterhalte ich mich selbst.

Unter uns werden die ordentlichen grünen Rechtecke der Felder immer kleiner. Ein aufgeräumtes Land. Alles an seinem Platz.

Johanniskraut heißt es, sage ich. Wenn du es nimmst, wird nach etwa vier Wochen das tiefe Dunkelgrau zu einem etwas lichteren Mausgrau. Ich hab's ausprobiert.

Das Taxi lädt uns an einer lärmenden Straßenkreuzung vor den Toren der Altstadt ab, es ist frühlingshaft warm, schon tauen unsere eingefrorenen deutschen Gesichtszüge auf. Befriedigt stelle ich fest, dass Eva bereits lächelt. Ein großer, dünner Mann in einer Djellaba erscheint mit einer Schubkarre, lädt wortlos unsere Koffer auf und überquert, ohne nach rechts und links zu schauen, die Kreuzung. Wir hechten zwischen den Autos hinter ihm her auf die andere Straßenseite, folgen ihm durch ein sienarotes Tor in die Altstadt (heißt es Medina? Kasbah?), vorbei an einer schwarz verschleierten bettelnden Frau mit Baby im Arm, die wie eine mythische Schwellenwärterin mitten im Tor steht. Ich habe noch keine Dirham eintauschen können, auf die Idee, ihr einfach ein paar Euro zu geben, komme ich nicht. Wir dürfen nicht stehen bleiben, auf keinen Fall den Mann mit der Schubkarre und unserem Gepäck aus den Augen verlieren, der sich kein einziges Mal nach uns umdreht. Was wäre schon verloren? In meinem Fall ein paar Klamotten, die Waschtasche, Ibuprofen und Kohletabletten zur Sicherheit, das Ladekabel für mein Handy, ein paar Stifte, ein Heft, der E-Reader. Seltsam, wie wichtig einem das eigene Gepäck erscheint, wenn es doch in Wirklichkeit nichts Unersetzbares enthält. Wenn der Held die fremde Welt betritt, verliert er prompt alles, was ihn noch mit der Ursprungswelt verbindet. Ich halte meine Handtasche fester.

Schwer bepackte Esel ziehen dicht an uns vorüber, knatternde Motorräder streifen uns fast, wir kommen vorbei an offenen Läden mit Kupferkännchen und Mosaiklampen, wie sie früher in jeder Wohngemeinschaft hingen, Kelims, Silberschmuck, Holzarbeiten, bunte Stoffe, runde Lederpuffs, die meine Eltern schon hatten und auf denen ich als Kind hockte und *Alibaba und die vierzig Räuber* von der Schallplatte hörte. Sesam öffne dich, sagte der Vorleser mit sonorer Stimme, jedes Mal sprach ich die drei Wörter mit, und zuverlässig wurde der grüne Teppichboden unter mir zum fliegenden Teppich des Geschichtenerzählens.

Wir biegen um so viele Ecken, dass ich mir den Weg nicht mehr merken kann. Das Labyrinth der Kasbah als Klischee des Orients, in dem sich der Mensch aus dem Okzident zwangsläufig verirrt und zur leichten Beute wird. Unvermittelt bleibt der Mann mit der Schubkarre stehen und klopft an eine niedrige Holztür. Wir betreten den dunklen, kühlen Innenhof eines Riads, ein Springbrunnen plätschert, auf einer grünen Schale am Boden liegen höchst dekorativ Orangen. Der Mann in der Djellaba ist mit einem Schlag verschwunden, ein älterer, unrasierter Mann in einer Art Pyjama taucht auf, Alain, der Besitzer des Riads. Er ist Franzose und normal französisch garstig, auf mein mieses Schulfranzösisch antwortet er in noch mieserem Englisch. Auf Eva reagiert er netter – wie die meisten Männer. Ich kenne das seit vielen Jahren und erkläre es mir damit, dass Eva klein und dezidiert feminin ist und ich groß und androgyn bin. Früher habe ich manchmal mit Eifersucht reagiert, wenn sie hofiert und ich links liegen gelassen wurde, dafür leide ich jetzt nicht wie sie darunter, dass Männer mit mir nicht mehr flirten. Sie war hübsch, ich war cool.

Warum willst du unbedingt die Aufmerksamkeit von Männern?, frage ich sie.

Ach, ist doch schön, so ein Flirren in der Luft, das Gefühl, angeschaut zu werden, wahrgenommen zu werden.

Kommt doch drauf an, von wem und warum, oder nicht?

Nein, es ist egal, von wem. Es geht um ein allgemeines Gefühl. Ich hasse es, dass man über mich einfach hinweggeht, mich nicht anschaut, mir nicht mehr in die Augen sieht, nur, weil ich älter bin. Manchmal fühle ich mich deshalb wie Abfall, etwas, wovor man sich ekelt, was man nicht im Blick haben will. Als wäre ich schuld daran, älter zu sein.

Aber geht es nicht viel mehr um deinen Blick auf die Welt als darum, wie du angeschaut wirst?

Ja, aber es ist furchtbar, wenn die Welt nicht mehr zurückschaut. Du kannst das überhaupt nicht nachempfinden, weil man dich und deine Arbeit noch sieht.

Noch, wiederhole ich getroffen.

Ich möchte einfach, dass mich jemand wirklich ansieht, dass ein Blick an mir hängen bleibt und mich nicht gleichgültig streift wie einen Baum. Oder ein Verkehrsschild.

Jahrzehntelang ist Eva angehimmelt worden. Sie bekam von den Studierenden Liebesbriefe und Gedichte.

Ich vermisse die Studenten, sagt sie, aber wenigstens muss ich nicht mehr lernen, Studierende zu sagen statt Studenten. Oder Student*innen. Ist doch alles Blödsinn. Als würde sich dadurch etwas ändern.

Meinst du nicht, dass wir automatisch immer an Männer denken, wenn wir Ärzte, Piloten, Rechtsanwälte, Produzenten, Regisseure sagen?

Besonders bei Liebhabern und Passanten habe ich sehr oft an Männer gedacht, sagt Eva.

Das ist eine total blöde Bemerkung, aber ich werde sie einfach vorbeiziehen lassen wie einen milde stinkenden Furz, sage ich.

Wir haben diese Diskussionen schon zu oft geführt. Eva glaubt, dass die jungen Frauen sich in absurden linguistischen Disputen verzetteln und es damit den reaktionären Kräften umso leichter machen, sie als überempfindliche Schneeflocken abzutun.

Und jetzt bist du die Schneeflocke. Permanent beleidigt, dass die Welt, insbesondere die männliche, dich nicht anschaut.

Du hast keine Ahnung, wie es ist, sagt Eva. Noch hast du keine Ahnung.

Als ich mich mit Anfang zwanzig an der Filmhochschule für die Regieklasse bewarb, wurde ich nur deshalb aufgenommen, sagte mir mein Professor später, weil ich in Hotpants und mit braun gebrannten Beinen zur Aufnahmeprüfung erschienen war. Brav lachte ich jedes Mal, wenn er diese Anekdote zum Besten gab. Wir waren drei Frauen in meiner Klasse. Eine schied früh aus, die andere machte später nie Filme. Ich gründete mit einundzwanzig meine erste Produktionsfirma, drehte einen Kinodokumentarfilm und wurde von da an als Regisseurin und Filmemacherin bezeichnet, wagte es jedoch lange nicht, mich selbst so zu nennen. Zu widerruflich erschien mir diese Bezeichnung. Fast abergläubisch hielt ich daran fest, mich gar nicht erst so zu nennen, damit mir der Beruf nicht wieder weggenommen werden konnte, den ich wie durch ein Wunder erlangt hatte. Wenn ich keine Filmemacherin war, konnte ich auch nicht wieder aufhören, eine zu sein. Später, mit dem Beruf des Schreibens, war es dasselbe. Schriftstellerin – das Wort kam mir lange nicht über die Lippen.

Eine Katze geht über den Hof. Vögel tschilpen über uns. Der Brunnen plätschert. Eine Frau, eingehüllt in ein weites, weißes Gewand, schlurft über den Hof. Alain, der Hotelbesitzer, ruft scharf nach ihr, sie macht in Zeitlupe kehrt, schlurft zurück. Sie soll ihm mit dem Computer helfen, er kann unsere Buchungen nicht finden. Eva wird nervös, ich nicht. Ich bin bereits im Reisemodus. Was mich zu Hause ungehalten, sogar wütend gemacht hätte, kratzt mich in fremder Umgebung nicht, ich wechsle in eine leicht distanzierte Betrachtung der aufeinanderfolgenden Momente. Ich bin nicht mehr Akteurin, sondern Beobachterin. Ich brauche nicht mehr zu agieren, nur noch zu reagieren, oft noch nicht einmal das. Ich schaue nur noch, lausche, rieche, taste, staune. Das Reisen katapultiert mich in pure Gegenwart. Vielleicht reise ich deshalb so gern. Vor wenigen Stunden habe ich im Flugzeugmagazin gelesen, dass man Altersdepressionen zu therapieren versucht, indem man die Erkrankten jeden Tag fünfzehn Minuten lang spazieren gehen lässt und sie auffordert, sich alle Details zu merken, besonders die, die sie in Staunen versetzen. Man fand heraus, dass besonders das Staunen heilsam ist.

Wirklich schwierig ist es, in vertrauter Umgebung zu staunen. Staunen für Fortgeschrittene. Auf Reisen geschieht es fast von selbst, und so staune ich jetzt über die computeraffine ältere Frau in Weiß, den hilflosen Alain und seine unverhohlen schlechte Laune, die bunt bemalten Kacheln, das gleißende Licht am Himmel über uns und das schummrige im Innenhof. Alles ist milde fremd, und ich bin glücklich.

Als ich wegen der Pandemie nicht mehr reisen darf, werde ich im Handumdrehen zum Gespenst. Ich sehe niemanden – und niemand sieht mich. Ich sehe, höre, rieche nichts Neues mehr und staune nicht mehr. Während ich dies schreibe, steht im Haus gegenüber im fünften Stock ein Mann in einem erleuchteten Zimmer und macht seltsame Bewegungen. Er reißt die Arme ruckartig nach hinten, immer wieder, aber in keinem festen Rhythmus. Ich kann nicht herausfinden, was er dort tut. Ist er Orthopäde und renkt jemanden ein? Es sieht so aus, als versuche er, etwas an sich zu reißen, wieder und wieder. Oder jemandem den Kopf abzureißen. Ich kann es mir einfach nicht erklären und starre fasziniert auf das Fenster, überlege, ein Fernglas zu kaufen. Oder ich könnte in das Haus gehen, in den fünften Stock hinauf, und klingeln. Aber was würde ich sagen: Ich beobachte Sie von gegenüber und möchte wissen, was genau Sie eigentlich machen, wenn Sie sich so seltsam bewegen? Sie sind das Einzige, was mich derzeit zum Staunen bringt. Ansonsten staune ich nur noch in der Erinnerung.

Spanien im Hochsommer, ich bin sehr jung und bin mit ihm zum ersten Mal auf Reisen. Ich staune über die gewaltige Hitze. Die Sonne knallt wie eine Ohrfeige vom Himmel. Die Sohlen meiner Turnschuhe schmelzen. Wir stehen weit voneinander entfernt auf einem Sandweg. Er spricht nicht mit mir. Und das heißt, dass ich auch nichts sagen darf, denn wenn ich ihn frage, warum er nicht mit mir spricht, mache ich alles nur noch schlimmer, das habe ich inzwischen gelernt. Auf vertrockneten Weiden rechts und links vom Weg stehen schwarze

Kampfstiere, Miuras. Tag für Tag werden sie dem Stierkampfritual von Pamplona geopfert. Heulend sitze ich jeden Tag in der Arena. Eine ganze Woche lang. Ich sitze dort, weil er dort sitzt. Er fährt jedes Jahr nach Pamplona, er hat spanische Freunde, er spricht gut spanisch, sie reden laut mit rauchigen Stimmen, hauen sich krachend auf den Rücken, lachen mit weit aufgerissenen Mündern, rauchen Kette, trinken Wein und Carlos Primero. Zu mir sind sie gleichmütig freundlich wie zu einer zugelaufenen Katze. Sie streichen mir flüchtig über den Kopf. Nennen mich Chica. Mit ihnen redet er. Mit mir nicht. Ich zerplatze vor Kummer und Wut, will es so machen wie er und einfach gehen. Ich steige in einen Zug, fahre nach Sevilla, dort geht mir das Geld aus. Eine Anzeige am Bahnhof vermeldet siebenundvierzig Grad Celsius. Reglos sitze ich auf einem kleinen Platz, zwei Straßen gehen parallel von ihm ab, die *calle de la vida* und die *calle de la muerte*. Ich starre in die beiden Gassen mit ihren weißen Häusern und gelben Einfassungen, dankbar für die Hitze, die jeden Gedanken wegbrennt. Ich weiß nicht, wohin mit mir allein. Ich gebe es nicht gern zu, aber ich fühle mich hilflos ohne ihn.

Da taucht er auf. Ich habe Fährten gelegt, es war nicht schwer, mich zu finden. Wortlos gehen wir

in eine Bodega, in der ein verstaubter alter Kicker-
tisch in der Ecke steht. Wir spielen stundenlang,
knallen die kleinen Holzfußballmännchen hin und
her, schweißüberströmt schlagen wir mit Schwung
an die Griffe. Ich kann es überraschend gut, ge-
winne gegen ihn, irgendwann langweile ich mich,
aber spiele weiter, denn ich weiß, er wird noch lange nicht mit mir reden.

Die Frau in Weiß hat unsere Reservierung im Computer in kürzester Zeit gefunden. Mürrisch weist
Alain uns unsere Zimmer zu und verschwindet.
Und wieder lasse ich Eva den Vortritt, und natürlich nimmt sie das größere, schönere Zimmer,
nachdem sie mich mehrmals gefragt hat, welches
Zimmer ich gern hätte. Aber ich sage nichts. Warum nicht? Weil Eva die Kleine ist, und ich die
Große. Ganz automatisch übernehme ich die Rolle,
mit der ich aufgewachsen bin. Ich bin die Älteste
von vier Schwestern. Die Große hält sich gefälligst
zurück, sie ist die Vernünftige, sie kann sich beherrschen, meinen die Eltern. Du bist doch die
Überlegene. Aus meiner Sicht bekommen die Kleinen immer alles und brauchen nichts dafür zu tun.
Ich dagegen muss mich anstrengen. Immer muss
ich mich anstrengen. Etwas leisten. Besonders sein.
Besonders gescheit, besonders lustig, besonders

seltsam, Hauptsache besonders. Sonst nimmt man mich nicht wahr, sonst gehe ich unter.

Herrlich!, ruft Eva aus ihrem Zimmer.

Mein Zimmer ist so dunkel, dass ich am helllichten Tag das Licht einschalten muss. Es ist feuchtkalt, in der Ecke befindet sich ein kleiner Kamin, hoffentlich kann man ihn einheizen. Ich lege mich aufs Bett, schließe die Augen. Als Frau allein in der Welt zu Hause sein, ein ewiger Traum. Davon hat schon Sylvia Plath geträumt. Sie wollte intensive Gespräche mit Fremden führen, auf einem offenen Feld schlafen, nach Westen ziehen und nachts frei herumlaufen. Stattdessen hat sie den Kopf in den Backofen gesteckt, weil sie keinen anderen Ausweg aus ihrem häuslichen Gefängnis sah.

Ich bin immer gereist, habe mit Fremden geredet, im Freien übernachtet, bin nach Westen und nach Osten gezogen und in großen Städten nachts allein herumgelaufen, oft fühlte ich mich dabei wunderbar aufgeregt und gleichzeitig latent bedroht. Als Frau allein unterwegs zu sein ist immer beides. In manche Länder sollte man als Frau nicht allein fahren, wird einem immer wieder und immer noch geraten, etwa in den sogenannten Orient. Was genau ist der Orient? Das Morgenland, wo die Sonne aufgeht? Im 19. Jahrhundert wurde die gesamte asiatische Welt als Orient bezeichnet.

Als ich mit achtundzwanzig Jahren mit meinem ersten Kinofilm *Mitten ins Herz* zu einem Festival nach Istanbul reiste, warnten mich vor allem Männer vor dem »Orient«. Aber auch die Gruppe von Frauen, die sich in Istanbul rührend um mich kümmerte, ermahnte mich, nicht nachts allein auf die Straße zu gehen. Das wollte ich mir nicht sagen lassen. Ich war immerhin schon allein durch New York und Moskau gelaufen. In einem feuergelben Trenchcoat stiefelte ich wie eine Flamme durch die dunklen Straßen von Istanbul und war tatsächlich die einzige Frau allein unterwegs. Männer zischten mir von überall hinterher wie ein Schwarm Hornissen, kssssss kssssss kssssss. Ich hielt den Kopf höher, ging entschlossener, schneller, aber sie waren nicht abzuschütteln. Lang hielt ich nicht durch und rettete mich in ein Teehaus, wo wiederum nur Männer saßen. Sie verstummten und starrten mich an wie ein Einhorn. Man bediente mich höflich, eilig trank ich meinen Tee aus und lief zurück ins Hotel. Die Frauen schüttelten die Köpfe über mich: Was willst du denn unbedingt nachts allein auf der Straße? Sie lachten mich aus. Und dann gehst du auch noch in langweilige Männercafés? Was soll das? Meinen Film über die unerwiderte Liebe einer jungen Frau zu einem älteren Mann fanden sie realistisch, aber verstanden nicht, warum die junge

Frau sich nicht in die Gemeinschaft von Frauen rettet. Warum macht sie sich so schwach? Überhaupt waren ihnen die tiefe Einsamkeit beider Figuren und das verzweifelte Beharren der Frau auf einer Liebesbeziehung suspekt. Männer sollte man nur wenig sehen, primär, um Sex zu haben, ansonsten sollte man nicht mehr Zeit mit ihnen verbringen als unbedingt nötig. Ihr Horizont, erklärten sie mir, sei arg begrenzt. Frauen könnten so viel mehr miteinander anfangen als eine Frau mit einem Mann. Frauen unter sich. Der Harem als weiteres Klischee des Orients. Ich bin im Abendland, in Hannover, fast ausschließlich unter Frauen aufgewachsen, mit meinen vier Schwestern, meiner Mutter, meinen beiden Großmüttern, ich ging in eine Mädchenschule, mein Vater war Frauenarzt. Es galt in der Familie als Tatsache, dass Gynäkologinnen sehr viel brutaler und weniger einfühlsam mit Frauen umgehen würden und man sich immer lieber einen Frauenarzt suchen sollte.

In Hollywoodfilmen bedeutet der Orient fast immer Chaos. Regelmäßig geraten die Actionhelden in einen lauten und unüberschaubaren Souk, sie rennen oder fahren hindurch, nur schnell wieder raus hier! Sie werfen die Karren von armen Gemüsehändlern um, weichen nur knapp Kamelen aus, verschleierte Frauen stieben kreischend davon, düstere Männer in Kaftanen und Djellabas fluchen und schreien, alles flirrt, die Farben tanzen, und der Lärm! Dieser Lärm!

Vor Jahren gab es eine deutsche Autowerbung, in der ein smarter blonder Geschäftsmann durch einen Souk läuft, Lärm und Farbenwirbel, überall Menschen in wehenden Gewändern, die herumrennen und schreien, und er im tipptopp sitzenden Anzug schwitzend mittendrin, bis er endlich sein schönes deutsches Auto erreicht und sich hineinfallen lässt. Mit einem satten Plopp geht die Tür zu, schlagartig wird es ganz still, tief ausatmend lehnt er sich zurück. Der Slogan: Willkommen zu Hause. Er hat die Fremde überlebt, er ist ein Held. Draußen, vor der Windschutzscheibe, nichts als die weite Wüste und ein einsames Kamel.

Der große Mann in der Djellaba erscheint neben mir und macht eine kleine Handbewegung. Neugierig folge ich ihm durch den dunklen Hof hinaus, auf die roten Mauern wirft das letzte Sonnenlicht harte Schatten, in denen der Mann fast verschwindet. Ich kneife die Augen zusammen, um ihn nicht zu verlieren. Er geht schneller. Wenn ich zurückfalle, dreht er sich um und zischt. Die Neugier treibt mich an, gleichzeitig sitzt mir die Angst im

Nacken wie ein steifer Kragen. Ich bemühe mich, locker und selbstbewusst zu erscheinen, ich bin cool, ich bin doch cool, aber wie ein ängstliches Kaninchen hoppele ich hinter ihm her. Mit großen Schritten geht er voran, der Saum seiner Djellaba schwingt, er führt mich aus dem Souk hinaus auf eine kahle, staubige Ebene mit Wellblechhütten. Es stinkt nach Exkrementen und Pisse, magere Katzen nagen an Fischköpfen, zerlumpte Jungen spielen Fußball mit einer Colabüchse, tief verschleierte Frauen huschen an mir vorbei, ich kann den Lufthauch spüren. Was soll ich hier? Ich möchte zurückgehen, aber allein würde ich mein Hotel niemals wiederfinden. Ich stolpere über Steine, kratze mir die Beine an stacheligem Gestrüpp auf. In der Ferne leuchtet das Atlas-Gebirge, die Gipfel wie mit Sahne besprüht. Unversehens biegt der Mann ab, fast habe ich es nicht bemerkt, was würde ich machen, wenn ich meinen Führer verlöre? Führer, denke ich, welch vergiftetes Wort, ich will ihn ab jetzt den Führenden nennen, aber wohin führt mich der Führende? Er klopft an eine Holztür, ist das nicht die Tür zu meinem Hotel? Sie öffnet sich, es ist so dunkel, dass ich nichts erkennen kann. Der Mann dreht sich zu mir um, sein Gesicht in der Kapuze der Djellaba kaum sichtbar.

Was machen Sie hier?, fragt er mich auf Französisch. Warum sind Sie gekommen? Was wollen Sie hier?

Je ne sais pas, je ne sais pas, stottere ich. Er kommt näher, fixiert mich mit schwarzen Augen so glatt und hart wie Puppenaugen, streckt den Arm nach mir aus, schüttelt mich.

Eva steht vor meinem Bett. Komm schon, sagt sie. Willst du nicht raus, die Stadt anschauen?

Benommen rappele ich mich auf, den Traum noch wie eine schwere Decke um mich gewickelt. Aus dem kühlen blauen Innenhof treten wir in die glühende Gasse. Eva hat keinerlei Orientierungssinn, dafür bin ich zuständig. Google Maps ist hier hilflos, es gibt kein Signal. Von jeder Ecke mache ich ein Foto, versuche, mir die Abfolge der Abbiegungen einzuprägen wie ein Strickmuster: zwei links, zwei rechts, zwei glatt. Nach wenigen Minuten ist auch diese Methode obsolet. Was machen wir, wenn wir nicht mehr zurückfinden? Da ist sie: die Furcht der Touristin, im Souk verloren zu gehen, der Zudringlichkeit der Händler ausgeliefert zu sein. Die Hilflosigkeit der weißen Frau, die so nackt ist ohne Verschleierung, so angreifbar. Fast alle Frauen, die uns begegnen, tragen Hijab, manche Tschador, keine Burka oder Niqab, die in Marokko von Staats wegen verboten sind, um den Einfluss der Saudis zurückzudrängen.

Schon von Weitem sind Eva und ich als Touristinnen aus dem Westen, dem Okzident, dem Abendland zu erkennen. Mit unserem unbedeckten Haar tragen wir unsere Unabhängigkeit fast lächerlich zur Schau. Helfen unsere Männer im Haushalt? Sind wir finanziell und emotional unabhängig? Lassen wir uns von Rollenbildern beeinflussen? Vom männlichen Blick? Oder auch von einem bestimmten weiblichen? Ich bin ungern erkennbar Touristin, und besonders ungern eine ältere Touristin mit vernünftigen Schuhen, über die ich mich früher so oft lustig gemacht habe. Sie kamen mir so hilflos vor, so beflissen und gleichzeitig unwissend und misstrauisch. Niemals zu Hause in der Fremde.

Ich hingegen sah mich als Reisende, in den meisten Ländern habe ich gearbeitet und mir eingebildet, deshalb keine Touristin zu sein. Ich war viel länger vor Ort als eine Touristin. Sie hat keine Zeit, sie muss weiter, weil es der Reiseplan so vorsieht, sie ist deshalb zur permanenten Oberflächlichkeit verdonnert. Aber die Touristin möchte die Oberfläche gar nicht wirklich durchdringen, denn die bewahrt sie vor zu großer Erschütterung. Sie darf naiv und neugierig sein, sie darf Fehler begehen, denn sie verschwindet ja gleich wieder. Von den Einheimischen wird die Touristin deshalb in der

Regel mehr gemocht als die Reisende, die sich unbedingt tief einfühlen will und so alles durcheinanderbringt. Sich vielleicht sogar verkleidet, die Landestracht trägt und damit die Dinge unnötig verkompliziert, weil man sie nicht mehr schon von Weitem erkennt als das, was sie ist: eine Fremde.

Ich habe die Neigung, mich so schnell wie möglich den Landessitten anpassen zu wollen, ich würde deshalb auch Hijab oder Tschador tragen. Wenn ich mit Eva über Verschleierung rede, geraten wir uns sofort in die Haare, was in diesem Zusammenhang wirklich ein blöder Witz ist.

Warum will Gott, oder vielmehr sein männlicher Vertreter in allen großen Religionen, unbedingt das weibliche Haar bedecken? Und immer mit dem Argument, dass Frauen sonst Männer in Versuchung führen, das wirft doch kein gutes Licht auf die Männer, sagt Eva. Sie lehnt deshalb jede Verschleierung ab und sieht sie ausschließlich als männliches Machtinstrument.

In einem Selbstversuch nach dem Anschlag vom 11. September und der daraus resultierenden Islamophobie bin ich eine Woche lang im Niqab in München herumgelaufen, um herauszufinden, wie die Menschen auf meine Verschleierung reagierten. Das fiel vorhersehbar ängstlich oder aggressiv aus, aber was mich überraschte: Ich fühlte mich auf eine mir unbekannte Art sicher. Zum ersten Mal in meinem Leben konnte niemand mehr mein Alter, meine Figur, Frisur oder die Größe meines Busens beurteilen. Ich war unsichtbar und hatte gleichzeitig mehr Kontrolle über meine Umgebung. Man konnte mich im Niqab zwar als Islamistin, Terroristin, schwarze Krähe, unterdrückte Frau aburteilen und so sämtliche Klischees und Vorurteile auf mir abladen, aber man konnte mich nicht mehr als Individuum einschätzen und angreifen. Das war erstaunlich befreiend. Natürlich hatte ich hier selbst die Entscheidung getroffen, mich zu verhüllen, niemand hatte über mich verfügt. Ich fragte mich, ob ich denn sonst so viel freier bin, wenn ich mein Bild in der Wahrnehmung anderer, von Männern wie Frauen, ständig auch noch selbst bewerte. Sitzen meine Haare? Schminke ich mich heute? Kleide ich mich auffällig oder eher unauffällig? Eng oder weit? Zeige ich Dekolleté oder nicht? Trage ich hohe oder flache Schuhe? Welche Rolle spiele ich? Auch wenn ich keine spielen will, gebe ich dennoch immer ein Bild ab und werde beurteilt. Was denkt man über mich, wenn ich keinen Wert auf meine Erscheinung lege? Und was, wenn ich großen Wert auf sie lege? Was ist zu viel und was zu wenig? Es gibt kein Entkommen.

Außer das Alter. Es funktioniert wie eine Verschleierung. Fast. Denn beurteilt wird man nach wie vor, aber nur noch mit einem einzigen Adjektiv: alt. Oder, was beinahe noch schlimmer ist, mit dem Zusatz *für ihr Alter ...*

Ich bin sehr jung und trage ausschließlich amerikanische Secondhandklamotten, die für mich fremd sind, weil ich keine Erinnerung an Menschen besitze, die diese Kleidung einmal getragen haben: glitzernde Smoking-Jacken, weit ausgestellte Kleider und Petticoats aus den Fünfzigerjahren, bestickte Strickjäckchen, Baseball-Hemden, Football-Jacken. Ich verkleide mich, spiele Rollen, kokettiere damit, dass ich anders und etwas seltsam aussehe. Aber das mag er doch? Oder nicht? Er hat sich doch in mich verliebt, weil ich so anders sei, das hat er mir hundertfach gesagt.

Ich heule mich durch die Tage und Nächte. Er ist einfach gegangen und hat mich an einem fremden Ort zurückgelassen. Wieder einmal. Ich rätsele, was ich falsch gemacht habe. Zermartere mir das Hirn. Was war es, was ihn so erbost hat, dass er mitten in der Nacht seine Tasche gepackt hat und davongefahren ist? Im Nachthemd stehe ich auf dem Parkplatz des Motels und weine ihm hinterher. Die Scheinwerfer der vorbeifahrenden Autos strahlen mich an, ich bin mir der Theatralik meines Bildes sehr genau bewusst. Ich heule und sehe mir gleichzeitig dabei zu. Niemand hält an, niemand tröstet mich. Ich habe kein Geld und traue mich nicht, diesen Ort zu verlassen. Wenigstens hat er das Zimmer noch ein paar Tage im Voraus bezahlt, zwei Wochen wollten wir hier verbringen, weit ab von der Welt. Er fand das romantisch, ich hatte mich insgeheim ein wenig davor gefürchtet.

Ich bin allein und lasse den alten Fernseher im Motelzimmer zur Gesellschaft rund um die Uhr laufen, bis ich die Werbespots auswendig mitsprechen kann. Im Kinderprogramm in der Früh redet ein älterer Herr in einer roten Strickjacke langsam und geduldig auf mich ein, ich sei *special* und solle das nie vergessen. Ich brauche gar nichts Besonderes zu tun, um *special* zu sein, weil ich einfach so, wie ich sei, schon so *very special* sei. Der Gedanke ist mir zutiefst fremd, aber ich warte von nun an jeden Morgen sehnsüchtig auf die Rückkehr von Mr. Rogers. In einem Spielzeugdorf öffnet sich in einem Haus eine Tür, Mr. Rogers kommt herein und singt, heute sei ein wunderschöner Tag in der Nachbarschaft und ob ich nicht bitte seine Nachbarin sein möchte. Ja!, rufe ich von nun an in meinem einsamen Motelzimmer, und möchte es jeden Morgen mehr, denn Mr. Rogers tröstet mich so zuverlässig. Er zieht seine Anzugjacke aus und eine rote Strickjacke an, und dann erzählt er mir wieder, wie wunderbar ich bin und dass ich nichts weiter sein muss als einfach nur ich. Ich bin zu deutsch für diese Aufforderung, dennoch halte ich mich an dieser morgendlichen Botschaft fest. Ansonsten habe ich ständig Hunger, der zu meiner dramatischen Verzweiflung nicht recht passen will. Ich ernähre mich vom spärlichen Frühstücksbuffet, mopse kleine Packungen Cornflakes, Zuckertütchen, Marmelade, Milch. Das Motel heißt »Montag House« und liegt direkt am Strand. Schwarze Regenwolken ziehen über das Meer. Das passt zu meiner Stimmung. Wie das Wetter zieht Verzweiflung auf und wieder ab. Zwischendurch flammt ein kurzer Sonnenstrahl auf. Manchmal stelle ich fest, dass ich mich gar nicht so verlassen fühle wie gedacht, und frage mich, warum ich eigentlich glaube, dass eine Frau allein sich immer verlassen und einsam zu fühlen hat. Dann wieder Heulkrämpfe. Nach drei Tagen kommt er zurück. Ich frage nicht. Alles geht weiter wie gehabt, bis zur nächsten Krise.

Mr. Rogers sehe ich nicht wieder, bis ich ihn mit meinem Kind mehr als zehn Jahre später von Neuem entdecke. Immer noch zieht er seine rote Strickjacke an und sagt: *you are special.* Du bist besonders.

Eva war besonders. Ich erinnere mich genau, wie ich sie das erste Mal sah. Wir drehten einen Studentenfilm auf der Straße, ich war das sogenannte Scriptgirl – Scriptboys gab es nicht –, und aus einem Hauseingang trat lachend eine junge hübsche Frau in einem Petticoat, auf Stöckelschuhen. Das war so ungewöhnlich zu einer Zeit, als wir alle in Parkas und Jeans herumliefen, so umwerfend unkonventionell, dass ich mir diese Frau merkte.

Bis heute trägt sie enge, figurbetonte Kleider, ich meistens weite, vor allem auf Reisen, denn ich bin der Meinung, man sollte nicht unnötig Blicke auf sich ziehen. Eva will dagegen unbedingt Blicke auf sich ziehen, und sie hat die Gabe, charmant um Hilfe zu bitten, die sie auch fast immer bekommt, besonders von Männern. Ich dagegen bitte nie um Hilfe, eine Frage der Ehre.

Auf einer Reise durch Mexiko, als wir noch einigermaßen jung waren, gerieten wir in Streit, weil ich Eva in dieser Machoumgebung verbieten wollte, eine weit ausgeschnittene Bluse zu tragen, was sie natürlich dennoch tat. Als wir nachts durch dunkle Gassen in unsere Pension zurückgingen – ich hatte mir den Weg sorgfältig gemerkt und weiß ihn nach all diesen Jahren immer noch: am großen braunen Tor rechts, dann links, am Hibiskus wieder rechts –, sprang ein kleiner Mann aus dem Gebüsch, überfiel

Eva und fasste ihr in den Schritt. Mit dem Reflex eines Wachhundes stürzte ich mich auf ihn, vertrieb ihn mit Gebrüll und Schlägen, was angesichts seiner Statur nicht besonders schwierig war. Die Bluse war schuld am Überfall, davon war ich überzeugt.

Warum willst du hier unbedingt deine Weiblichkeit hervorkehren und den Mexikanern deinen Busen zeigen?, schrie ich Eva an.

Sagst du mir: selber schuld? Im Ernst?, brüllte sie zurück. Ich soll mich an den Sexismus anpassen und mich verkleiden?

Was nützt es dir denn, auf deinem Dekolleté zu bestehen, wenn es dich in Gefahr bringt? Wieso denkst du nicht darüber nach?

Du brauchst ja gar nicht drüber nachzudenken, schoss sie zurück. Du rennst ja sowieso immer nur in Schlotterklamotten rum!

Das stimmte. Seit Teenagerzeiten kleidete ich mich so, denn in den politischen Kreisen, in denen ich mich bewegte, galt es als unverzeihlich, traditionelle weibliche Rollen zu erfüllen, auch in der Kleidung. Das kam mir sehr gelegen, denn ich fühlte mich als Mädchen unwohl und war genderfluid, bevor es ein Wort dafür gab. Ich brauchte meinen BH nicht erst zu verbrennen, ich besaß gar keinen, weil er keine Funktion zu erfüllen gehabt hätte. Ich betete heimlich zu Gott, er möge mir Brüste wachsen lassen, aber er erhörte mich lange nicht. Meine Haare trug ich zottelig, die Jeans zwar hauteng, meinen Oberkörper jedoch verhüllte ich mit langen Hemden, Pullovern und Parkas. Ich war schlank und hatte später durchaus eine »gute Figur«, aber es wäre mir peinlich gewesen, auf sie angesprochen zu werden. Jede Form von ausgestellter Weiblichkeit war mir suspekt, denn sie bedeutete, dass man auf sie zurückgreifen musste, weil man sonst nicht ans Ziel kam. Ich schämte mich fast für die inszenierte Weiblichkeit von Frauen wie Marilyn Monroe, die nichts mit ihnen selbst zu tun hatte, sondern nur für den männlichen Blick gedacht zu sein schien. Und dennoch kann ich nicht beschwören, dass ich ganz ohne Kalkül in Hotpants zur Aufnahmeprüfung an der Filmhochschule erschienen bin.

In dem Haus gegenüber geht das Licht an, der Mann ist von hinten zu sehen, nach kurzer Zeit macht er wieder diese abgehackten, rhythmischen Bewegungen, die gewalttätig wirken.

Ich bin mir fast sicher, dass jemand geschlagen wird. Nie kann ich jedoch eine zweite Person ausmachen. Vielleicht befindet sie sich im nicht einsehbaren Teil des Zimmers. Die Bewegungen des

Mannes werden immer schneller und ruckartiger, als steigere er sich in etwas hinein. Ich halte mein Handy auf das erleuchtete Fenster und versuche, es heranzuzoomen, aber es ist zu weit weg.

Wir wandern durch die Medina, Eva in einer engen weißen Bluse, ich in einem Herrenhemd. Nach einigen Um- und Irrwegen erreichen wir den Djemaa el Fna, was auf Arabisch so viel heißt wie »Versammlung der Toten«. Es ist eine erschöpfte Inszenierung all dessen, was der Tourist so erwartet. Ein trauriges weißes Äffchen wird an einer Leine geführt, Kobras schlängeln sich träge zu piepsigen Flötenklängen, ausgelaugt wirkende Händler bieten sorgsam aufgeschichtete Früchte und Nüsse an, ein paar Berber stellen sich in ihren traditionellen Kostümen zur Schau, mittendrin ein paar maulige Touristen: Das sah doch in all den Dokus viel wilder, bunter, exotischer aus! Fast jeder Ort auf der Welt hinkt mittlerweile seiner eigenen bildgewaltigen BBC-Dokuserie hinterher. Nie mehr wird er so gut und perfekt ausgeleuchtet aussehen wie dort. Die Konsequenz wäre, denke ich auf dem müden Platz, das Reisen als Tourist gleich ganz aufzugeben und sich stattdessen zu Hause in den perfekt eingerichteten Höhlen eines *Cave Automatic Virtual Environment* an der Welt zu erfreuen. Unvorstellbar für mich zu diesem Zeitpunkt, dass ein Virus in knapp einem Jahr uns allen das Reisen abgewöhnen und uns in virtuelle Welten treiben wird. Aber noch ist es nicht so weit.

Wir wollen uns bereits wieder abwenden, da packt mich eine kleine Frau am Handgelenk und pinselt mir in Windeseile ein Hennamuster auf den Handrücken. Nein, rufe ich lachend und will ihr meine Hand entziehen, aber sie hält sie fest.

Gratuit, gratuit, umsonst, umsonst, ruft sie.

Ich weiß, dass hier nichts umsonst ist. *Non, merci,* sage ich freundlich. Doch sie lässt nicht los. Ich schwöre, es ist ganz umsonst, wiederholt sie. Ganz umsonst.

Das glaube ich nicht, erwidere ich, immer noch lachend. Bitte lassen Sie mich gehen.

Aber sie lässt nicht locker, zerrt mich unter einen Sonnenschirm und bemalt nun auch meine Handinnenfläche.

Ich werde ungehalten, ich will nicht gegen meinen Willen verziert werden, ich möchte mich entscheiden dürfen. *Non,* sage ich jetzt streng, *je ne veux pas!* Sie blickt mich kühl an, mein Handgelenk fest in ihrer Hand wie in einem Schraubstock.

Eva steht neben mir, zuckt die Achseln, aber da macht eine andere Frau Jagd auf sie, um sie ebenfalls zu bemalen.

Eva läuft lachend davon, ich sitze fest, bekomme meine Hand immer noch nicht zurück. Ein Preis wird genannt, den ich nicht verstehe, 200 Dirham, 2000? Ich kann die Währung noch nicht umrechnen, habe keine Ahnung, was von mir verlangt wird. Ich schreie jetzt, sie soll mich loslassen. *Merde!* Das ist das einzige französische Schimpfwort, das mir einfällt.

Sie lässt meine Hand einfach fallen, wirft sie von sich wie ein Stück Abfall, spuckt vor mir aus.

Ich fühle mich als doofe, geizige Touristin vorgeführt, krame ein paar Dirham aus der Tasche, will sie ihr geben, aber sie schlägt die Arme unter, schaut mich nicht mehr an. Es ist ein Spiel, ich verstehe. Mit dem Geld in der offenen, bemalten Hand stelle ich mich vor sie wie vor ein Pferd mit einem Stück Zucker. Sie schnaubt, dreht mir den Rücken zu. Ich bleibe stehen, warte. Es dauert, bis sie mit einer einzigen blitzschnellen Geste das Geld von meiner Hand fegt und rasch davongeht. Ich habe das Gefühl, gewonnen zu haben, was idiotisch ist.

Ist doch hübsch, sagt Eva und inspiziert meine Hand. Ein feines rotes Muster überzieht sie wie ein Spitzenhandschuh und lässt sie mir ganz fremd, aber auch seltsam schön erscheinen. Fast stolz trage ich sie nun mit mir herum, meine Hand gehört in meinem ständigen Bestreben, mich dem fremden

Land anzuverwandeln, nicht mehr ganz mir, sondern hierher, und ich mit ihr.

Bereitwillig lassen wir uns im Souk in einen Wirbel von Klischees fallen. Es ist stickig, laut und voll, überall stehen Männer vor ihren Läden, mustern uns, rufen und winken uns herein, locken uns mit billigen Angeboten. Wir erwidern ihre Blicke nicht, bleiben kaum stehen, denn sonst sind wir sogleich gefangen wie fette Fliegen im Spinnennetz. Von Teenagerbeinen an haben wir gelernt, keinen Mann zu lange anzuschauen, denn er könnte es falsch verstehen. Er könnte es für eine Ermunterung oder gar Einladung halten, eine Aufforderung, über uns herzufallen. Der Mann muss ständig interpretiert und gelesen werden, um nicht in Gefahr zu geraten. Wir sind es so gewohnt, taxiert zu werden, dass selbst unser Alter und unser rapide gesunkener Marktwert nichts an unserem Verhalten ändert. Aber wie alt sind wir? Meistens weiß ich es gar nicht, habe kein Gespür dafür, wie man mich wahrnimmt. Eva ist für mich unverändert, und in ihrer Gesellschaft bin ich es auch. Wir streifen durch den Lederbazar, den Wollbazar, den Schmuckbazar, den Teppichbazar, haben tausend verschiedene Wünsche pro Sekunde, probieren hundert verschiedene *babooshs* an, die traditionellen Lederschlappen, bis uns schwindlig wird. Alles wollen wir haben, alles anprobieren, alles kaufen, und können uns nicht entscheiden. Dieses gemeinsame Konsumgewitter ist unser Ritual. Seit vielen Jahren verabreden wir uns ab und zu in der Stadt, durchstreifen die Läden und Kaufhäuser, probieren im Minutentakt verschiedene Klamotten an, bis wir Muskelkater in den Armen bekommen, wir benutzen die Läden als Bühne des immer gleichen Stücks: Wir könnten auch ganz jemand anderes sein.

Und so taumeln wir in Marrakesch in einen Laden mit klassischen Djellabas, die eigentlich für Männer gedacht sind. Der Besitzer winkt die beiden Damen dennoch freundlich herein, aus Erfahrung geht er davon aus, dass sie schnell wieder verschwinden, nachdem sie alles angegrabbelt und ohne jeglichen Sachverstand befühlt haben, aber da fängt die eine, die kleine, an zu keuchen und sich zu krümmen, und im nächsten Augenblick liegt sie schon auf dem Steinfußboden, und die andere, die größere mit Haaren wie ein Kamelschopf, hält ihr die Handgelenke und redet auf sie ein.

Neugierig versammeln sich ein paar Männer um uns herum. Eva liegt ausgestreckt auf dem kühlen Boden, ich drücke Akupressurpunkte an ihren Handgelenken, was, wie ich mich schwach erinnere, gut sein soll bei allgemeiner Aufregung und

Nervosität. Möglichst ruhig zähle ich vor mich hin, um ihren Atemrhythmus zu verlangsamen. Eva ist aschfahl und zittert wie unter Schüttelfrost. Mr. Rogers mit seinem beruhigenden Singsang taucht in meinen Gedanken auf, wo kommt er mit einem Mal her? Gleich darauf Szenen aus dem Roman *Himmel über der Wüste* von Paul Bowles. Ein junger Amerikaner wird krank in Marokko – oder war es Tunesien? Algerien? Er liegt in einer Hütte in der Wüste und stirbt, seine Freundin verliert darüber fast den Verstand, hilflos irrt sie umher und wird am Ende als sexuelles Objekt von einem Stammesfürsten zum nächsten weitergereicht. Die reisende Frau als Opfer ihrer Neugier. Warum musste sie denn auch das Haus verlassen? In der Verfilmung von Bertolucci trägt Debra Winger in den letzten Szenen den tiefblauen Turban der Tuareg, ihr Gesicht ist kaum noch zu erkennen, ihre abendländische Identität hat sich aufgelöst und ist spurlos im Orient aufgegangen.

It's a wonderful day in the neighborhood, singt Mr. Rogers, und ich zähle immer weiter. Eins, zwei, drei, vier, fünf, sechs, einatmen, eins, zwei, drei, vier, fünf, sechs, sieben, acht, ausatmen. Das längere Ausatmen beruhigt den Parasympathikus und damit die Herzfrequenz. Wo hab ich das jetzt wieder her?

Der Besitzer des Ladens hat die Glotzer verscheucht und süßen Minztee bringen lassen, den ich Eva in kleinen Schlucken einflöße, aber immer noch zittert und japst sie und kann nicht aufstehen. Der Besitzer sieht uns gleichmütig zu, als sei das alles nichts Neues oder gar Besonderes. Seine Ruhe beruhigt mich, und ich beruhige Eva, und am Ende sind wir alle ein wenig beruhigt. Schließlich erhebt sich Eva, diagnostiziert eine Panikattacke, und während sie sich auf einen eilig herbeigebrachten Stuhl hievt, kaufe ich aus schlechtem Gewissen, weil wir das Geschäft schon seit geraumer Zeit lahmgelegt haben, eine tieflila Djellaba aus schwerer Wolle, die ich wahrscheinlich nie tragen werde.

Wir fallen aus dem Laden zurück in den quirligen, lärmenden Souk, mit meiner Strickmustererinnerung führe ich uns fast bis zurück zum Hotel, da überfällt uns der Hunger, und kurz vor Sonnenuntergang landen wir auf der Dachterrasse eines Restaurants. Wie über eine zweite, helle, ganz andere Stadt blickt man über die flachen Dächer, zwischen denen wie Ausrufezeichen Minarette stehen. Die letzten Sonnenstrahlen färben sie rosarot, Schwalben stieben durch die Luft, Mauersegler kreischen in hohen Tönen, alles ist mit einem Mal leicht und wunderbar.

Eva lächelt, man bringt uns Campari, das generelle Alkoholverbot ist anscheinend kein Problem. Wie in einem Nest hocken hier hoch oben nur Touristen, kein Marokkaner weit und breit außer den Kellnern.

Auf der Karte findet sich nicht ein einziges vegetarisches Gericht, ich erwarte, dass Eva deshalb nichts essen wird, aber sie bestellt Tajine mit Huhn und Datteln wie ich. Wie viele Diskussionen wir auf unseren Reisen über Essen geführt und wie oft wir uns gestritten haben, weil ich der Überzeugung bin, dass man im Ausland gefälligst isst, was auf den Tisch kommt, und keine Sonderwünsche anmeldet. Besonders erboste mich, wenn ich auch noch Evas Wünsche übersetzen sollte.

In Wahrheit bin ich oft zu schüchtern, um Änderungswünsche zu äußern. Ich möchte nicht auffallen, mir nicht Zorn und Ablehnung von Kellnern zuziehen, als ewig meckrige Deutsche dastehen. Immer wieder bin ich erstaunt, dass Eva zumeist auf freundliches Verständnis stößt. Sonderwünsche bedeuteten in meiner Kindheit, dass man *unbedingt eine Extrawurst braten wollte* oder *aus der Reihe tanzte* oder *nicht mitspielen wollte. Egoistisch war.* Die Familie hatte als Einheit zu funktionieren gegen den Rest der Welt.

Ich führe jetzt ein Dankbarkeitstagebuch, sagt

Eva mit geschlossenen Augen in den Sonnenuntergang.

Ah ja, murmele ich. Ist ja gerade mächtig angesagt.

Würde ich dir auch empfehlen, sagt sie.

Hältst du mich für undankbar?

Ich glaube, du vergisst oft, wie privilegiert du bist.

Bist du doch auch.

Ja, und ich vergesse es auch ständig, denn mir fallen nur noch Dinge ein, die furchtbar sein werden. Ich werde alt und krank und ganz allein sein, denn alle werden vor mir sterben.

Ich nicht, sage ich. Ich werde diejenige sein, die alt und allein übrig bleiben wird.

Ich muss lernen, anders zu denken, sagt Eva. Es verändert etwas im Gehirn, wenn man regelmäßig die positiven Dinge aufzählt statt die negativen. Die alte Route, die sich im Gehirn durch ständige Negativität eingegraben hat, ist der einfachste Weg, den die Gedanken gehen können, wie eine Art Autobahn. Tausendmal negativ gedacht führt dazu, dass der tausendunderste Gedanke mit ziemlicher Sicherheit auch negativ sein wird, außer man lenkt ihn bewusst um, indem man Momente der Dankbarkeit auflistet.

Dafür gibt es eine App, sage ich.

Bestimmt.

Nein, hier, ich habe sie sogar auf dem Handy.

Ich zeige Eva die App.

Und benutzt du sie?

Ja, schau: 26. Januar: Nettes Treffen mit Eva. Habe richtig gute Ramen gekocht. Mit X gestritten und wieder vertragen. Keine Erkältung. Keine schlechten Nachrichten.

Nettes Treffen mit mir?, mault Eva. Was soll das denn heißen?

Nett ist ein kürzeres Wort als schön. Man kann es schneller schreiben.

Am 26. Januar?, sagt Eva. Ich kann mich gar nicht erinnern. Und nach dem 26. 1. gibt es keinen einzigen Eintrag mehr von dir.

Ich habe mich gelangweilt, sage ich, mit all der Dankbarkeit. Die schönen Momente sind langweilig, wenn man sie aufschreibt. Hier noch eine Kostprobe: 4. Dezember: Warme Wohnung. Warmes Wasser. Gut geschlafen. Zeitung gelesen im Bett. Telefonat mit Mutter. Telefonat mit Kind. Avocado-Toast.

Du hast recht. Eva lacht. Das ist sehr langweilig. Aber es geht ja nicht um besonders tolle Momente, sondern darum, das Gehirn an Dankbarkeit zu gewöhnen, damit es mit der Zeit einen anderen Weg einschlägt.

Und? Macht es deins schon?

Nein, sagt sie, aber ich übe. Ich will keine alte, böse Frau werden, die ständig vor sich hin meckert und immer nur das vermisst, was nicht mehr zu haben ist.

Aber ich will auch nicht dauernd dankbar sein müssen. Das ist mir zu weichgespült, zu nett, zu schlapp irgendwie.

Schlapp? Es kostet mich ziemliche Kraft, dankbar zu sein, sagt Eva, denn wenn ich mich beobachte, fluche ich in Gedanken ständig vor mich hin, werte ab, beurteile, bin gemein und garstig. Und ich glaube, das geschieht aus Angst.

Angst wovor?

Nicht mehr dazuzugehören, nicht mehr mitzuspielen, nicht mehr dabei zu sein. Also mache ich alles nieder, um den Verlust nicht spüren zu müssen.

Aber der Verlust ist doch die Wahrheit. Man kann doch nicht für alles ständig dankbar sein!

Nein, sagt sie leise, nicht für alles, aber in jedem Moment.

Ich lache, möchte nicht ernst werden. Die schlimmen Geschichten sind meist die besseren. Der schlimmste Ferientag immer interessanter als der schönste Ferientag.

Aber es geht doch nicht um Geschichten!

Doch. Die Dinge in Geschichten verwandeln zu

können nimmt ihnen die Macht über uns. Wie du heute im Djellaba-Laden umgefallen bist, ist eine gute Geschichte.

Wehe, wenn du daraus eine Geschichte machst, sagt Eva.

Sie ist bereits eine, weil sie vorbei ist.

Ich hoffe, sagt sie leise.

Ich nehme ihre Hand. Kommt nicht wieder. Und wenn, dann kipp bitte das nächste Mal in einem interessanteren Laden um.

Sie lacht ein bisschen. Die lila Djellaba ist doch ganz hübsch.

Ich schreib's in meine App, sage ich. Dankbar für die Djellaba.

Ich bilde mir ein, im Haus gegenüber in dem erleuchteten Zimmer eine Frau gesehen zu haben. Ganz kurz nur. Wie ein Gespenst. Sie huschte am Fenster vorbei, und gleich darauf kam der Mann und machte wieder seine ruckartigen Bewegungen. Ein Fernglas habe ich mir immer noch nicht zugelegt, aber ich bin hinübergegangen und habe mir die Klingelschilder angeschaut. Im obersten Stock befindet sich die Praxis eines Zahnarztes, von meinem Fenster aus sehe ich die Neonröhren in seinem Behandlungszimmer, für die Wohnung daneben steht auf dem Klingelschild der Name Nassehdi.

Ein Araber, der seine Frau verprügelt, schlägt mein Gehirn blitzschnell vor. Moment mal, schimpfe ich, was für ein übles Vorurteil! Hör gefälligst auf damit! Schlag andere Bahnen ein!

Verträumt und ein bisschen angedudelt schauen Eva und ich über die Dächer Marrakeschs, als uns gegenüber ein ungleiches Paar Platz nimmt. Er ist Mitte fünfzig, noch gut aussehend, mit grau meliertem Pferdeschwanz, schwarzer Lederjacke, dicken Silberringen an den Fingern, Rock 'n' Roll-Attitüde. Sie höchstens Mitte zwanzig, blond und zart in einem weißen Flatterkleid. Er schaut grimmig. Freundlich redet sie auf ihn ein. Er antwortet nicht, sieht sie nicht an. Ich erkenne etwas wieder, aber weiß noch nicht genau, was. Je mehr die junge Frau sagt, umso böser schaut er. Sie wirkt zunehmend verzweifelt, fasst ihn am Arm, er schüttelt sie ab wie ein Pferd eine Fliege. Sie weint. Mit einer schnellen, wütenden Bewegung wischt sie sich über die Augen. Ich winke ihr zu. Sie schaut rasch zur Seite, zu ihm. Er hat mich ebenfalls winken sehen, starrt mich an, raucht und rührt mit der Zigarette im Aschenbecher. Seine Aggressivität ist selbst über die Entfernung deutlich zu spüren. Sie macht einen neuen Versuch und streicht ihm über die Haare. Er schlägt ihren Arm zur Seite.

Siehst du den?, frage ich Eva. Was für ein Arsch.

Du weißt doch gar nicht, was da los ist.

Doch, sage ich, das weiß ich genau.

Ich lache ihn aus. Werfe theatralisch den Kopf in den Nacken und deute auf ihn.

Lass das, sagt Eva. Das macht ihn nur noch wütender.

Wir lächeln der jungen Frau zu, die nun emsig in ein kleines Heft schreibt, vielleicht, um sich zu beruhigen. Er reißt ihr das Heft aus der Hand, wirft es auf den Tisch. Sie holt ein Taschentuch aus der Tasche, tupft sich die Augen. Ihre Schultern zucken. Ich bedeute ihr, sie soll rüberkommen, sich zu uns setzen.

Der Mann brüllt mich aus der Entfernung auf Deutsch an, aber ich verstehe nicht, was er sagt.

Misch dich nicht ein, sagt Eva.

Doch. Ich will mich einmischen.

Am liebsten würde ich aufspringen und mich mit ihm prügeln. Mit Mühe hält Eva mich zurück. Um ihn weiter zu provozieren, werfe ich ihm übertriebene Kusshände zu.

Er macht eine Faustbewegung, als wolle er mich niederstrecken. Die junge Frau wagt es nicht mehr, zu uns zu schauen, sie starrt in ihren Schoß. Er bekommt sein Essen serviert, sie hat anscheinend nichts bestellt. Schweigend und schnell isst er. Wieder legt sie ihm vorsichtig die Hand auf den Arm, wieder schüttelt er sie ab.

Eva stöhnt. Wie gut ich das kenne, murmelt sie, diesen Orkan aus Hilflosigkeit, Wut, Sehnsucht nach Zärtlichkeit, wenn die Männer nicht mehr erreichbar waren, sich stumm und kalt abgewandt hatten und wir wie Frau Lot nicht gehen konnten, sie weiter angestarrt und gehofft haben, dass sie sich uns endlich wieder zuwenden. Wenn sich dieser Abgrund unter uns aufgetan hat, wenn wir nicht geliebt wurden. Dabei haben wir uns für emanzipiert gehalten, frei, unabhängig.

Kaum hat der Mann aufgegessen, wirft er Geld auf den Tisch, steht auf, geht, ohne sich nach der Frau umzusehen. Er geht absichtlich dicht an uns vorbei, wirft mir einen verächtlichen Blick zu. Sie folgt ihm gehorsam, aber macht einen unverhofften Schlenker auf ihrem Weg, kommt ganz nah zu uns. Ihr Gesicht ist tränenüberströmt, sie flüstert: Ich ertrage es nicht mehr!

Hastig reden Eva und ich auf sie ein, schütten gute Ratschläge über sie aus: Lass ihn gehen. Kümmere dich um dich selbst. Nimm es nicht persönlich. Lass dich nicht weiter quälen. Trenn dich. Du bist so jung und schön, verlass den alten Sack!

Schluchzend sagt sie: Er kann nichts dafür, er kann doch nichts dafür.

Doch, sagen Eva und ich aus einem Mund, er kann was dafür.

Meistens ist er irgendwann dann wieder sehr lieb zu mir. Er ist ein so einsamer Mensch.

Und du willst ihn retten.

Sie zuckt schluchzend die Achseln, läuft hinter ihm her, ganz dicht geht sie jetzt hinter ihm, fast berührt sie ihn. Er dreht sich nicht um.

Ich möchte ihn schlagen, sage ich.

15. 2.

Gestern, Sonntag, nach langer Zeit wieder ein ungeheurer Einbruch. Ich spüre es ja immer schon beim Aufwachen, spüre seine Kälte. Den Tag über war der Schreiner da, ich war fehl am Platz. In einer friedlichen Atmosphäre wäre es ein Leichtes gewesen, einfach zu gehen und in meiner Wohnung zu arbeiten, aber so saß ich hilflos da, stumm und spürte schon die große Traurigkeit in mir aufsteigen. F. sah mich nicht an, sprach nicht mit mir. Ich holte Kuchen für den Schreiner und ihn, überlegte immer wieder, ob es nicht viel besser, viel klüger wäre, in meine Wohnung zu verschwinden und dort zu bleiben, bis F. sich wieder melden würde, aber leider weiß ich, dass das Warten die größere Qual für mich ist, als dazubleiben. Diesen Zustand kann

ich nur mithilfe von Baldrian und Hasch halb-
wegs ertragen, und beides ist ja eigentlich ziem-
lich doof. Ich flüchtete mich also ins Kino, sah
»The Postman Always Rings Twice« zum zwei-
ten Mal, twice, haha, gefiel mir besser als beim
ersten Mal. Mit Zittern im Magen ging ich zu-
rück und sah schon an seinem abweisenden Blick,
dass ich mit freundlichem Lächeln keine Chance
hatte. Und tatsächlich brüllte er mich an: ich
komme wunderbar allein zurecht, du bist falsch
und bescheißt mich, ich will lieber allein sein, ich
frage mich, warum ich überhaupt mit dir zusam-
men bin, hau doch ab! Ich bemühe mich, ruhig
und cool zu bleiben, male mir die Vorteile meiner
ruhigen kleinen Wohnung aus, packe in Windes-
eile meine Tasche, aber ich gehe nicht, warum
gehe ich denn nicht?, da fliegt mir schon mein
Nachthemd um die Ohren, und er will den Woh-
nungsschlüssel zurückhaben. Das ist doch genau
das, was du willst! Wenn ich genau hinhöre, höre
ich den verletzten, beleidigten F., den Ungelieb-
ten, aber ich komme nicht mehr gegen meine
eigenen Gefühle an, ich fange an zu heulen, gehe
auf ihn los, ohrfeige ihn, er droht, zurückzuschla-
gen, wenn ich nicht aufhöre, aber ich werde im-
mer hemmungsloser, habe eine Latte des Schrei-
ners in der Hand, schwinge sie hoch über F.s Kopf,

er grinst verächtlich und dreht mir absichtlich und siegesgewiss den Rücken zu. Natürlich greife ich ihn nicht von hinten an, ich habe die Regeln des Cowboys gut gelernt, ich warte, bis er sich zu mir umdreht, haue ihm die Latte in die Kniekehlen, sie zerbricht. Jetzt schlägt er zu, mit der Faust trifft er mich am Hals. Was wäre, wenn ich tot umfallen würde? Unglücklich gefallen, heißt das doch immer. Ich kann mir so gut, so gut all die Mörder und Mörderinnen aus Eifersucht und Abgewiesenwerden vorstellen, spüre so deutlich die Sehnsucht, dass der Schmerz endlich aufhört, und der da fügt ihn mir zu. Ich setze mich also hin, wie immer, die gepackte Tasche auf den Knien, und rede und rede. Warum das alles? Er meint mal wieder, ich hätte ihn beschissen, weil ich letzte Woche zwei Mal bei Gabriella zum Essen war, und dort sei ja auch Manuel aufgetaucht, was stimmt, aber der ging mir entsetzlich auf die Nerven, und ich erwähnte es nicht weiter, weil er F. immer so eifersüchtig macht. Ich sei nicht offen, schreit F., und ja, das stimmt. Ich scheue mich, ihm die Wahrheit zu sagen, weil sofort die Strafe auf dem Fuß folgt. Immer fühlt er sich betrogen, und immer bin ich es, die ihn betrügt, und immer muss ich deshalb bestraft werden. Und wehe, ich wehre mich gegen falsche

Anschuldigungen. Ach, ich wehre mich ja gar nicht wirklich, immer lenke ich ein, weil ich Angst habe, es könnte das Ende dieser Beziehung bedeuten. Ich habe mich bestimmt oft idiotisch in diesen vier Jahren verhalten, und ja, ich schare gern Verehrer um mich, denen ich unverbindlich ein paar Küsschen gebe, aber er vögelt doch immer wieder seine geschiedene Frau und jede Stewardess, und erzählt mir auch noch davon, und ich nehme es hin, fühle nichts, gar nichts, was eigentlich seltsam ist, aber es berührt mich wirklich nicht. Es ist so verdammt hart, erwachsen und »einzeln« zu werden, zu akzeptieren, dass ich ein einzelner Mensch bin. Allein. Heute also verheult, mit schwerem Kopf, unfähig, zu arbeiten.

8.3.
Das Meer ist blau, die Pinien grün, die Sonne warm, der Streit mit F. eiskalt. Nach einer großen Woge der Versöhnung in der letzten Woche kam bei uns beiden der Wunsch auf, miteinander wegzufahren. Und schon hatte ich bereits wieder seine kalte Sturheit, seine Behinderung von meiner Freiheit und meinem Glück vergessen. Oft habe ich das Gefühl, dass er mich eigentlich gar nicht mag, was er verneint, aber er verhält

sich so: redet nicht mit mir, schaut mich nicht an, reagiert nicht auf mich, starrt vor sich hin. Warum dann sein Leiden, wenn ich mal nicht da bin, wenn er doch so wenig mit mir anfangen kann? Ich komme einfach nicht weg von ihm, und ich verstehe nicht, warum das so ist. Warum hat er die Macht über mich, mich unglücklich zu machen? Ich traue ihm keine Minute über den Weg, denn im nächsten Augenblick verändert sich seine Stimmung und damit meine Situation. Jetzt ist er gerade im Bad und ich lausche angespannt, weil ich Angst habe, in welcher Stimmungslage er wieder herauskommen wird. Diese endlosen Diskussionen, meine sinnlosen Fragen: warum bist du so kalt? Was ist mir dir los? Warum schaust du mich nicht an? Hab ich was falsch gemacht? Was ist denn bloß mit dir? Nichts, antwortet er, ich bin so wie ich bin. Wie ich diesen Satz hasse! Ich bin so unglücklich und weiß nicht, wie ich da rauskommen soll. Wann kommt er aus dem Bad? Ich habe Fantasien vom Alleinsein, ich möchte reisen, um die ganze Welt am liebsten, und gleichzeitig habe ich Angst, allein zu sein. Wer bin ich, wenn ich allein bin? Keine Ahnung. Er kam aus dem Bad und gab als Grund für seine Eiseskälte an, er hätte sich von mir ungeliebt gefühlt. Ich frage mich, wie er eigentlich reagieren

würde, wenn ich mich mal so verhalten würde
wie er. Oh, ich würde ihm so gern tiefgefroren
gegenübertreten, dass ihm auch derselbe Eis-
hauch mal um die Nase weht wie mir immer.

Diese Tagebucheintragungen stammen von 1982.

Der Stachel. Das Geheimnis: Wie sehr ich mich von einem Mann habe unterdrücken lassen. Wie wenig mutig ich war. Wie wenig selbstbewusst und unabhängig. Wie schwach. Wie lange ich es hingenommen habe.

In unseren Zimmern ist der Kamin eingeheizt worden, es ist kuschelig warm und verqualmt, wir müssen beide ständig husten. Ganz Marrakesch versinkt am Abend in beißendem Rauch.

Schlaf gut, rufe ich Eva durch die Holztür zu, und weck mich, falls die Panik wiederkommt.

Das war keine Panik, ruft sie zurück, nur zu viel Kaffee.

Ach so. Und wofür bist du heute dankbar?

Dass du keine Prügelei mit dem Mann auf der Terrasse angefangen hast. Und du?

Für die lila Djellaba, trallala.

Gute Nacht, du Blöde.

Selber blöd und gute Nacht.

Ich gehe hinter ihm her, er ist mir unbekannt, aber ich weiß, wie er sich anfühlen wird, das ist alles, was ich will, seine Haut fühlen. Ich sehe sein helles Leinenhemd, ich weiß, er ist es, er geht schneller, ich muss mich beeilen, sonst verliere ich ihn. Ich erwische ihn am Hemd, darüber trägt er seine Lederjacke, er ist es wirklich. Er dreht sich um, bleibt stehen, aber ich darf mich nicht an seine Brust werfen, ihn nicht küssen, er hält mich auf Armeslänge von sich weg, ich darf ihm nicht zu nahe kommen. Warum? Warum denn nicht? Wespen, sagt er, schau doch, all die Wespen. Und da sehe ich sie, Hunderte von Wespen schwirren zwischen uns hin und her, aber dann verschwinden sie, fliegen davon, endlich sind sie weg, und er zieht mich eng an sich, ich schmiege mich an seinen Hals, seinen wunderbar weichen Hals, hebe den Kopf und lasse mich küssen und bin nie mehr allein.

Als ich noch ganz selig aus diesem Traum erwache, haben sich meine Füße unter der Decke in ein Stück Stoff verheddert, das sich anders anfühlt als das glatte Laken. Als ich nachforsche, finde ich eine schwarze Männerunterhose. Mit spitzen Fingern fische ich sie heraus und werfe sie neben das Bett. Ich bin nicht sonderlich schockiert, fast vergesse ich, Eva davon zu erzählen. Wir sitzen auf der üppig bepflanzten Dachterrasse des Riads und essen zum Frühstück hauchdünne Crêpes mit Orangen-marmelade, die eine Kellnerin auf einem großen Tablett drei Stockwerke zu uns nach oben balanciert. An kleinen Tischen um uns herum sitzen Paare. Junge, alte, mittelalte, alles Frauen mit Männern, Männer mit Frauen. Kein Paar sieht besonders glücklich aus, aber vielleicht bilde ich mir das nur ein.

Eine fremde Unterhose in deinem Bett?, ruft Eva. Das ist ja widerlich! Wir müssen sofort ein anderes Zimmer verlangen!

Ach, frische Bettwäsche reicht.

Nein! Wir müssen uns beschweren. Wir können das doch nicht einfach hinnehmen.

Wir? Ist ja nichts passiert. Sie lag an meinen Füßen, nicht unter meinem Kopfkissen.

Warum bist du so lahm?, empört sich Eva. Warum beschwerst du dich nie? Du setzt dich doch beruflich auch durch, aber privat bist du …

Lahm. Ja. Ich akzeptiere meine Umgebung und räume nicht wie du ständig alles um.

Nach kurzer Pause lacht Eva. Sie lacht laut, sehr laut, sodass sich die anderen Gäste nach ihr umdrehen. Ich liebe ihre Art, laut zu lachen, die so gar nicht zu ihrer kleinen Statur passt.

Ich muss meine Umgebung gestalten, damit sie zu meinem inneren Zustand passt, sagt sie.

Nein, du räumst die Wohnung um und hoffst, dass die neue Ordnung dein Inneres verändert.

Mehrmals im Monat schiebt Eva die Möbel in ihrer Wohnung so lange hin und her, bis sie für ihr Gefühl am richtigen Platz stehen. Ich dagegen ordne mich der vorgefundenen Umgebung unter, versuche, einem Ort nicht allzu viel Bedeutung zu geben, ihn möglichst nicht ganz und gar unerträglich zu finden. Ich werfe eine Decke übers Sofa daheim, hänge ein buntes Tuch in hässlichen Hotelzimmern auf, das muss reichen. Ich will mich nicht auf Dauer einrichten. Verstehe nicht, wie man viel Wert auf Inneneinrichtung legen kann, auf besondere Tapeten, einen teuren Teppich, eine ganz bestimmte Lampe. Vielleicht habe ich so große Angst vor der Vergänglichkeit, dass ich den Dingen um mich herum gar keine Gelegenheit geben möchte, sich an mich zu heften, dann vermisse ich sie auch nicht, wenn sie kaputtgehen, verschwinden, ich von ihnen Abschied nehmen muss. In gewisser Weise trifft das auch auf Menschen zu. Ich halte sie auf Abstand, melde mich lange nicht, schreibe nicht zurück, rufe nicht an, verschwinde, bevor sie verschwinden könnten. Meine Arbeit benutze ich als ständige Ausrede. Eva dagegen war die letzten dreißig Jahre fast immer in München, von ein paar kurzen Reisen abgesehen. Sie ist mein Anker, die

Stadt gar nicht recht vorstellbar ohne sie. Immer, wenn ich zurückkomme, ist sie da. Aber nun, ohne ihre Arbeit, weiß sie nicht mehr, warum sie eigentlich noch in der Stadt lebt. Mir schwant, dass mein Unterwegssein grundsätzlich verbunden ist mit der Sesshaftigkeit der anderen. Wenn es keinen Ort und keinen Menschen gibt, zu dem man zurückkommen kann, gibt es keine Heimkehr mehr, und das Reisen wird seiner Grundbewegung beraubt: wegfahren, um wieder zurückzukommen. Ohne Penelope kein Odysseus. Und nicht andersherum.

Erinnerst du dich an die nervtötende ältere Engländerin aus *Himmel über der Wüste*, die mit ihrem Sohn jahrelang ohne Ziel durch Afrika gurkt?

Mrs Lyle, sagt Eva trocken, sie hieß Mrs Lyle. Lenk nicht ab von der Unterhose. Ich beschwere mich jetzt. Das geht einfach zu weit.

Und schon ist sie aufgestanden, von der Balustrade ruft sie in den Innenhof wie in ein Megafon: *Alain! Nous devons parler avec vous!*

Wie tatkräftig sie ist, wie energisch, nie kann sie stillsitzen. Wahrscheinlich hat sie auch für heute schon wieder einen Plan, wohingegen ich am liebsten den ganzen Tag auf der Terrasse verbringen und in den Himmel über mir schauen würde. Eine Passage aus *Himmel über der Wüste*, die mich damals bis ins Mark getroffen hat, steigt mit einer Klarheit vor mir auf, als hätte sie nur auf diesen Ort und diesen Augenblick gewartet. Ich erinnere mich, dass vom Tod die Rede war, dass er uns immer auf den Fersen ist und wir nur, weil wir den genauen Zeitpunkt unseres Todes nicht kennen, glauben, dass das Leben unerschöpflich ist. Dabei geschieht alles nur begrenzt oft, und in Wirklichkeit gar nicht so oft, wir aber denken, alles sei grenzenlos.

Wie oft also, frage ich mich, werde ich in meinem Leben noch auf einer Terrasse in Marrakesch sitzen? Wie oft die Mauersegler hören? Wie oft den blassen untergehenden Mond sehen? Wie oft überhaupt noch den Mond sehen? Wie oft eine Männerunterhose in meinem Bett finden?

Ein junger Mann am Nebentisch wischt seiner Freundin langsam und gründlich mit dem Zeigefinger Marmelade vom Kinn. Die Spatzen hüpfen näher und picken von der letzten Crêpe. Ein alter Mann in einer gestreiften Djellaba bewässert die Pflanzen in den Töpfen. Eine schwarze Katze schaut misstrauisch um die Ecke.

Da Alain nicht willens ist, die drei Treppen hinauf auf die Terrasse zu steigen, läuft Eva nach unten. Ich höre sie laut schimpfen, und als sie zurückkommt, grinst sie triumphierend. Alain hat ein so schlechtes Gewissen wegen der Unterhose, sagt sie, dass er uns einlädt in sein Haus in der Wüste.

Also haben wir einen Plan, sage ich und versuche, nicht zu seufzen.

Ja, jubiliert Eva, wir haben einen Plan. Wir fahren in die Wüste. Herrlich.

Alain fährt einen uralten Jeep ohne Federung. Neben ihm, auf der Handbremse, sitzt sein Hund Yves, ein französischer Bullterrier mit Asthma. Gern habe ich Eva den Platz neben Alain und Yves überlassen, Eva spricht ja auch besser französisch, und obwohl die Unterhose in meinem Bett lag und nicht in ihrem und sie sich beschwert hat und nicht ich, ist Alain freundlicher zu ihr als zu mir. Bei Eva führen Beschwerden zu Kontakt, bei mir fast immer zu Zerwürfnissen. Bruchstückhaft verstehe ich auf dem Rücksitz, dass der Hund nach Yves Saint Laurent benannt wurde und Alain seit den Siebzigerjahren all seine Hunde Yves tauft, weil er nur wegen YSL 1969 nach Marokko gekommen ist.

Wir sind alle wegen Yves gekommen, erzählt Alain, wir waren jung und bildschön – und alle in ihn verliebt.

Ich kann mich erinnern, wie ich als Teenager, fast erschüttert von so viel männlicher Schönheit, den splitterfasernackten YSL auf dem Foto seiner Parfum-Reklame angestarrt habe: ein fein ziselierter, aber muskulöser Oberkörper wie eine griechische

Statue, lange blonde Haare mit Mittelscheitel, Bart, und sein Markenzeichen, die dicke schwarze Brille. Ein Knie knapp vorm Schoß hochgezogen, sodass man nichts sehen, aber alles erahnen konnte. Er sah aus wie der französische Bruder von Peter Fonda aus dem Film *Easy Rider*, den ich zur selben Zeit vergötterte, der trug Lederjacke und fuhr Motorrad, aber YSL war nackt und las Bücher. Unmöglich, sich zwischen den beiden zu entscheiden. Wahrscheinlich montierte ich wegen Peter Fonda einen hohen Lenker auf mein Fahrrad und fuhr später im Auto endlos durch die weiten Landschaften von New Mexico und Arizona, und wegen dieses einen Fotos von YSL ergatterte ich auf einem Flohmarkt ein schwarz-weiß gepunktetes Kleid mit seinem Label im Kragen, das mir gar nicht stand, aber ich besitze es bis heute. Erst kürzlich stellte ich fest, dass das Label nachträglich in das Kleid eingenäht worden ist, also ganz sicher nicht sein Entwurf war, was ich aber gleich wieder vergaß. Das Bild ist stärker als die Wahrheit.

Pierre wollte YSL für sich allein, sagt Alain, und hat uns alle einfach rausgeworfen. Er hat ihn gefangen gehalten, ihn ausgesaugt, krank und einsam gemacht – und jetzt hat er ihm ein saudummes Museum gebaut. Keinen Fuß setze ich in das Scheißding. Zur Eröffnung war ich noch nicht mal eingeladen, aber Pierre hat es auch nicht geschafft. Er ist einen Monat vor der Eröffnung gestorben.

Er schüttelt sich vor Lachen. Höflich kichern wir mit. Später besuchen wir das Museum und staunen über die seltsamen Kleider, in die die ausschließlich weißen Schaufensterpuppen verpackt sind wie kostbare, aber sinnentleerte Geschenke. Kein einziges dieser Kleider würde man heutzutage anziehen wollen. Im Berbermuseum, das YSL eigenhändig installiert hat, bis heute das Einzige in Marokko, hat jedes aufwendig bestickte Kleid dagegen eine auffallende Eleganz und Würde, die eng mit seiner Funktionalität verknüpft sind. Lange sitzen wir auf einer Bank im exquisit bepflanzten und gepflegten Garten und beobachten die Ströme von Touristen aus allen Ländern, die keinen Sinn oder Ehrgeiz für irgendeine Art von Inszenierung zu haben scheinen. Sie tragen alle die gleichen hässlichen Funktionsklamotten ohne einleuchtende Funktion.

Yves bekommt einen Hustenanfall. Mit einer Hand fummelt Alain im Handschuhfach, zieht eine Tüte raus und stopft dem Hund Hustenbonbons in den Rachen. Der Jeep schlingert gefährlich. *Attention*!, schreit Eva, gerade noch rechtzeitig weicht Alain einem Eselskarren auf dem Seitenstreifen aus.

Lassen Sie mich das machen, sagt Eva. Sie zieht

Yves auf ihren Schoß, füttert ihn mit Hustenbonbons und beginnt ein Hundefachgespräch mit Alain.

Yves liebt mich, sagt Alain, er liebt mich am Morgen und am Abend, und nie muss ich Angst haben, seine Liebe zu verlieren.

Ja, sagt Eva, das ist das Schöne an Hunden.

Man ist sehr einsam in diesem Land ohne Hund, sagt Alain.

Als Mann?, fragt Eva.

Als alter schwuler Mann, sagt Alain, und als Franzose.

Ich dämmere weg, und als ich wieder aufwache, rumpeln wir durch ein ausgetrocknetes Flussbett. Ringsum nichts. Gar nichts. Keine Wüste mit Dünen und pittoresken Schatten, sondern nur Geröll. Nach kurzer Zeit sehne ich mich nach der Farbe Grün.

Wir fahren auf ein paar graue Häuser zu, halten vor einer Mauer mit schmaler Holztür, aber als wir eintreten, liegt vor uns ein schöner, überraschend großer Hof mit Palmen und hochgewachsenen Kakteen, gesäumt von flachen Gebäuden. Ein kleiner Junge springt auf Alain zu und begrüßt ihn und den Hund freudig. Eine dicke Frau mit buntem Kopftuch und ein dünner Mann in einer blütenweißen Djellaba treten aus einem der Gebäude, wechseln mit Alain ein paar Worte auf Arabisch, nicken uns freundlich zu.

Der Mann nimmt uns die Taschen ab und führt uns durch ein Labyrinth von spärlich, aber geschmackvoll eingerichteten Räumen mit kleinen Fenstern. Kelims bedecken den Lehmboden, die Bettgestelle sind aus krummen Olivenästen gezimmert, helle, fein gewebte Decken liegen darauf. Innen ist es heiß und stickig, aber da werden wir in einen weiteren, kleineren Innenhof geführt, der ein paar Grad kühler und grün ist, wie ein grünes Zimmer. Hier ist ein Gemüsegarten angelegt, in der Mitte sprudelt ein Springbrunnen, unter einer Weinlaube stehen ein blauer Tisch und Stühle, karmesinrote Geranien wie tanzende Punkte im Grün. Der Kontrast zu der grauen Kargheit draußen vorm Haus könnte nicht größer sein.

Der Junge bringt zuckersüßen Minztee, kurze Zeit später trägt sein Vater in der Laube für uns das Essen auf: Linsensuppe, eingelegte salzige Zitronen, kleine Schälchen mit Gemüse, Rindfleisch mit Quitte, Lamm mit Pflaumen in verschiedenen Tajine-Töpfen aus Lehmerde, dazu hauchdünnes, knuspriges Fladenbrot.

Wir essen alles auf, stumm vor Begeisterung. Die Unterhose in meinem Bett hat sich gelohnt. Ich bin der Unterhose dankbar.

Alain ist nirgendwo zu sehen. Der schnaufende Yves gesellt sich zu uns und legt sich zu unseren Füßen nieder. Ansonsten ist es still, so still, dass es mich kribbelig macht, also hole ich das Handy aus der Tasche und stelle fest, dass es kein Netz gibt. Meine Verbindung zur Außenwelt ist abgerissen. Noch im selben Augenblick dehnt sich die Zeit in alle Richtungen wie eine auslaufende Flüssigkeit. Mit einem Mal gibt es alle Zeit der Welt. Und nun? Was machst du nun, wo du alle Zeit hast?

Unruhig wandern wir zurück in den großen Innenhof. Niemand ist zu sehen. Niemand zu hören. Etwas ratlos stehen wir herum, schauen unseren tiefschwarzen Schatten zu wie fremder Gesellschaft. Über eine kleine Treppe gelangen wir auf das Flachdach, auf dem Liegestühle stehen. Ringsherum nur die kahle, unwirtliche Wüste. Wie ein Fort liegt das Haus in dieser brutalen Ödnis mit seinem im Inneren verborgenen, grünen, kühlen Schatz.

Es gibt nichts zu tun, als dem Licht zuzuschauen. Noch steht die Sonne hoch, aber es zieht bereits ein kühler Wind auf. Ich hole die lila Djellaba aus meiner Tasche und streife sie über. In dem kristallklaren Licht leuchtet sie cyanblau. Im Griechischunterricht in der Schule habe ich mal gelernt, dass die Griechen kein Wort für Blau hatten, und weil sie kein Wort hatten, nahmen sie es auch nicht wahr.

Unser alter Griechischlehrer führte Homer an, der blau mit *weinfarben* umschrieb, denn die Farbe des Weins kannte er anscheinend sehr genau. An dieser Stelle kicherte der Griechischlehrer jedes Mal, und wir verdrehten die Augen.

Nehme ich nur wahr, was ich auch benennen kann? Fehlt mir der Sinneseindruck, wenn ich keine Wörter für ihn habe und keinen Vergleich? Ich habe keine Wörter für diese graue Wüste, kann sie nicht benennen, nicht einordnen, sie verschwimmt, aber das Grün im Innenhof kann ich von Spinatgrün über Petersiliengrün, Erbsengrün, Grasgrün bis Smaragdgrün differenzieren. Blau ist eine seltene Farbe außer am Himmel und am Meer, und lange Zeit konnten nur die Ägypter Blau benennen und als einzige diese Farbe in einem höchst komplizierten Prozess herstellen. Kamen sie nur auf die Idee, weil sie ein Wort für Blau hatten? Formt sich eine Idee durch die Sprache? Fühlen wir uns nur einsam, weil es ein Wort dafür gibt? Was wäre, wenn es keins gäbe?

Deine Djellaba sieht aus wie von Yves Saint Laurent, sagt Eva.

Der Himmel färbt sich veilchenblau. Fast bewegungslos sitzen wir auf dem Dach. Was meinst du, fragt Eva, kommt danach nur das Nichts? Und wenn ja: Ist es schwarz? Oder hell? Oder blau? Oder was? Ist es das Ende? Oder glaubst du an irgendwas?

Nein, aber ich wünschte, ich könnte es.

Alle Menschen vor uns haben an irgendetwas geglaubt, aber jetzt ist plötzlich Schluss damit.

Nur in Europa, sage ich. Sonst glauben doch alle wie verrückt und mehr als je zuvor.

Ich möchte nicht, dass das Ende das Ende ist. Wenigstens so ein ganz klein bisschen Auferstehung dürfte sein.

Die hat für mich schon als Kind wenig Sinn ergeben. Ich habe gegrübelt, wie denn alle Menschen gleichzeitig wiederauferstehen können und ob es nicht viel zu eng wird, und wie alt man ist, wenn man wiederaufersteht, und welche Kleidung man trägt.

Im Geiste. Eva lacht. Es wird doch nur im Geiste wiederauferstanden.

Aber wie? Und wo sind dann alle? In einer Art Warteraum? Danach kommt ja erst das letzte Gericht.

Ach ja, stimmt, sagt Eva, es ist eine Art befristete Wiederbelebung.

Also ersteht man erst wieder auf, um dann noch mal zu sterben, aber dann so richtig, oder wie?

Hast du Angst davor?

Es macht mir Angst, weil ich kein Wort dafür habe. Keine Vorstellung.

Das macht es so groß. Die Toten geben keine Auskunft. Wenn man vor ihnen steht, spürt man genau, dass sie nicht mehr da sind, und gleichzeitig sind sie in der Erinnerung wie in einer Art Cloud. Ich habe für zwei fremde Menschen Totenwache gehalten und hatte ein seltsam klares Bewusstsein dieser Cloud.

Ohne die Computertechnologie hättest du kein Wort dafür, wendet Eva ein.

Ohne die christliche Ikonografie, in der Gott und Heilige aus Wolken sprechen, hätte Apple kein Wort für die Cloud gehabt.

Hier gibt es gar keine Wolken, murmelt Eva. Keine einzige.

Wir schweigen und starren auf den leeren blauen Himmel und die Wüste, das Gelb und das klar abgetrennte Blau darüber, wie von einem Kind gemalt.

Der Mann, mit dem ich damals zusammengelebt habe, sage ich, hat versucht, mich umzubringen, als ich mich von ihm getrennt habe. Ich habe nie davon erzählt. Es ist ein Geheimnis, selbst vor mir selbst. Ich habe mich nie erinnert, um es nicht wiederzubeleben.

Es ist mir unerträglich, so lange Gewalt hingenommen zu haben. Ihr nicht viel früher entflohen zu sein. Aber ich hatte kein Wort für sie. Ich wollte sie nicht als das benennen, was sie war. Wenn ich sie nicht benenne, dachte ich, ist sie nicht wahr.

Als ich mich endlich, nach vielen gescheiterten Versuchen, getrennt hatte, trat ich aus dem Haus, in dem ich bei Freunden Zuflucht gefunden hatte, und ging schräg über die Straße. Ein Auto stand mitten auf der Fahrbahn. Es war eine Einbahnstraße. Ich weiß noch, dass ich es sah und dachte, seltsam, warum steht es mitten auf der Straße und bewegt sich nicht? Da heulte der Motor auf, mit hoher Geschwindigkeit raste das Auto direkt auf mich zu. Ich begriff nicht, dass es ein Angriff war, reagierte nicht, erstarrte wie ein Reh im Scheinwerferlicht, konnte mich nicht entscheiden, ob ich zurücklaufen oder mich zwischen den eng parkenden Autos auf der gegenüberliegenden Straßenseite hindurchquetschen sollte. Immer noch nahm ich an, dass das Auto abbremsen würde. Aber es hielt direkt auf mich zu, und da erkannte ich ihn hinter dem Lenkrad, sein Gesicht hassverzerrt, die Augen weit aufgerissen. In der letzten Sekunde warf ich mich mit der Brust an ein geparktes Auto, quetschte mich an das Blech, so eng ich konnte. Das Auto brauste vorbei, ich spürte den Fahrtwind in meinem Rücken, hörte die Reifen an der nächsten Kreuzung quietschen. Ich drehte mich nicht um, hörte staunend meinem stoßweisen Atem zu, dabei war ich doch gar nicht gerannt. Mein Körper hatte die Bedrohung schneller begriffen als mein Hirn, das mir immer noch einredete, das könne doch gar nicht wahr sein, dazu könne er doch nicht imstande sein, er, der doch immer wieder geschworen hatte, mich über alles zu lieben.

20. Februar. Dankbar für: Die Wüste. Das Licht. Den Himmel. Himmelblau. Ägyptischblau. Brillantblau. Enzianblau. Gletscherblau. Kobaltblau. Kornblumenblau. Marineblau. Ozeanblau. Pflaumenblau. Veilchenblau. Taubenblau. Türkisblau. Nachtblau. Die Sterne. Und wieder eine Tajine mit Datteln. Und Eva. Reden mit Eva. Reisen mit Eva. Die fremde Männerunterhose in meinem Bett.

Der Mann von gegenüber bewegt seine Arme ruckartig und gewalttätig. Ich stehe von meinem Schreibtisch auf, verändere meine Position. Drücke mich dicht an die Wand meines Zimmers. Und da erkenne ich, dass der Mann gegenüber Kicker spielt. Tischfußball. Vor und zurück bewegt er sich und dreht mit aller Kraft an den Griffen, damit das kleine Fußballmännchen den Ball erwischt und ins gegnerische Tor brettert. Ich konnte das mal richtig gut. Mit dem Mann, der mich umbringen wollte.

IV

San Francisco

Am Flughafen von San Francisco verabschiede ich mich von Lille, sehe ihr nach, wie sie in ihrem Porsche Cabrio davonfährt, die platinblonden Haare wie eine Flamme im Wind. Ziellos treibe ich mich bis zum Abflug herum, an diesem seltsamen Zwischenort, an dem keiner zu Hause ist und den jeder so bald wie möglich verlassen möchte, um an einen anderen Ort zu gelangen. Ich erinnere mich, dass ein tibetischer Lama Flughäfen mit den *bardos* im tibetischen Totenbuch verglich, schwankenden und fluiden Zuständen zwischen Tod und Wiedergeburt. Ich steige ins Flugzeug, freue mich über den leeren Platz neben mir. Ich weiß noch, dass ich seltsam aufmerksam die Sicherheitshinweise anschaue, als hätte ich sie nie zuvor gesehen. Die Nacht senkt sich über San Francisco, der Mond steht voll und rund am Himmel, als wir starten, die gewaltige Stahlmasse ächzend und klappernd vom Boden abhebt und ich in meinen Sitz gedrückt werde. Ich bereite mich auf mittelgute Filme und schlechtes Essen vor, zwölf Stunden lang zehn Kilometer hoch über der Erde. Nach ein paar Minuten gibt es den ersten Knall. Vielleicht ist in der Küche ein Servierwagen nicht ordentlich verstaut worden? Dann der zweite, der dritte. Tief unter mir liegt eine schwarze Fläche, das Meer. Vor den Fenstern gegenüber zuckt ein gelber Schein. Als ich verstehe, dass dort Feuer flackert, flutet bereits Adrenalin durch meinen Körper und lässt mein Herz hämmern, meine Gedanken flattern. Keine der Flugbegleiterinnen ist zu sehen. Die anderen Passagiere wirken angespannt, aber erstaunlich ruhig. Verstehe ich etwas falsch? Gibt es gar keinen Grund zur Sorge? Aber ich sehe doch Flammen vor dem Fenster! Es dauert, bis sich endlich der Kapitän meldet. Sehr langsam sagt er zuerst auf Deutsch: Wir sind uns der Situation bewusst. Und dann sagt er lange nichts mehr. Was genau ist die Situation? Mein Gehirn weiß Bescheid und spuckt ein paar wahrscheinliche Todesarten aus: Abstürzen. Explodieren. Verbrennen. Ertrinken im eiskalten Pazifik. Ich sehe bereits mein Skelett am Meeresgrund liegen, meinen Schädel, den kleine Fischchen blank knabbern, sie schwimmen durch die Augenhöhlen hinein und durch den Mund wieder hinaus.

Der Mond vorm Fenster schaut ruhig dabei zu, wie ich mich vor Todesangst winde. Sie dauert ewig. Nimmt kein Ende. Wann ist es zu Ende? Ist das das Ende? Mein Ende? *The end of me?* Ich denke es auf Englisch, und es klingt wie ein Song. Der Kapitän vermeldet nun mit seiner therapeutischen Stimme, dass man versuchen werde, umzudrehen und zu landen, dafür aber erst das Benzin abgelassen werden müsse, weil wir sonst zu schwer sind. Was heißt das: Man wird versuchen? Im Klartext muss das wohl heißen: Keine Ahnung, ob wir's schaffen. Niemand schreit, keiner sagt ein Wort. Todesangst macht stumm. Wusste ich vorher nicht. Ich dachte, dass wie im Kinofilm alle schreien, stöhnen, weinen. Aber keinen Laut geben wir von uns.

Gebannt sehen wir zu, wie das abgelassene Benzin an den Fenstern vorbeirauscht. Am Feuerball vorbeifließt. Eine junge Frau bekommt eine Panikattacke und kann sich nicht mehr bewegen. Absurd verschraubt verharrt ihr Körper in ein und derselben Position auf dem Sitz. Nach etwa einer Stunde gibt meine Angst allmählich auf. Sie kann nicht mehr. Sie hat die größtmögliche Gefahr signalisiert, mich eindringlich zur Flucht aufgefordert, mich dafür mit Adrenalin vollgepumpt, jetzt setzt eine gewisse Abstumpfung ein. Ich habe einen einzigen Gedanken: Das kann ich meinem Kind nicht antun. Ich bete nicht, ich schreie nicht, ich ziehe kein

Résumé meines Lebens, ich komme gar nicht auf den Gedanken, eine letzte Botschaft an meine Liebsten ins Telefon zu tippen. Es ist, als habe man mir bereits den Stecker gezogen, meine Vergangenheit gelöscht, und hinter mir läge nur noch schwarze Nacht. Vor mir weiß flirrende, pure Angst wie Fernsehrauschen. Fast langweilig, weil sich nichts mehr verändert. Vor lauter Erschöpfung gibt es kein Erinnern und kein Hoffen mehr, sondern nur das immer gleiche Gefühl: Panik. Wie lange? Ich habe keine Ahnung. Mein Zeitempfinden hat sich in Brei aufgelöst.

Aber zwei Stunden später landen wir tatsächlich. Feuerwehrautos rasen mit Sirenen und Blaulicht auf uns zu und sprühen weißen Schaum über das brennende Flugzeug wie Schlagsahne. Erst danach dürfen wir aussteigen. Benommen wandern wir durch einen leeren, bereits geschlossenen Flughafen, als habe niemand mehr auf uns gewartet, niemand mehr mit uns gerechnet. Nur noch ein einziger Angestellter steht hinter einem Schalter und verkündet ängstlich, die Airline könne uns leider nicht mit Hotelzimmern weiterhelfen, denn wir hätten keine Verspätung gehabt, sondern einen Notfall, und dafür greife die Regelung nicht, außerdem gäbe es in der ganzen Stadt sowieso keine Zimmer mehr, denn es sei Veterans Day.

Da fängt der Erste der Passagiere an zu schreien vor Wut, und dann der Nächste. Es sind die Geschäftsmänner, die zuerst schreien. Ihre Wut steigert sich in ein vielstimmiges Geblöke, und seltsamerweise fühle ausgerechnet ich mich aufgefordert, ihnen zu antworten. Ich drehe mich um, recke mich und rufe in die aufgebrachte Menge, wir müssten doch froh sein, am Leben zu sein, ein Wunder! Sollten wir uns nicht bitte, bitte erst einmal ein bisschen freuen?

Tatsächlich verstummt das Geschrei, tosender Applaus. Nein, es gibt keinen Applaus. Den gäbe es im Film. Hier nur kurz Stille. Die Geschäftsleute buchen sich am Telefon Ubers und private Abholungen oder Champagner, keine Ahnung, sie verschwinden nach und nach, wir anderen bleiben zurück. Der Mann von der Fluggesellschaft verteilt eingeschweißte Decken und deutet hilflos auf den glänzend polierten Steinboden. Dort dürfen wir uns hinlegen.

Ich rufe Lille an, aber sie geht nicht dran. Es ist inzwischen ein Uhr nachts. Die Decke besteht aus knisterndem, hellblauem Polyester wie damals die Bettdecken im Wohnheim der Uni, gar nicht weit von hier. Die Zeit zerfließt und katapultiert mich vor und zurück. Ich bin zum ersten Mal in diesem Land und gleichzeitig zum letzten Mal, bevor ich mit einem Flugzeug abgestürzt bin, aber nein, ich lebe doch noch, oder nicht? Das Adrenalin wabert immer noch wie eine Droge durch mein Blut, ich bin nicht sicher, ob ich wach bin oder träume. Wir liegen auf den blauen Decken auf der Erde. Gestrandet. Obdachlos. Mein Körper klopft und pocht und surrt vor sich hin wie an Starkstrom angeschlossen. Um zwei Uhr ruft Lille zurück. Sie ist mitten in der Nacht aufgewacht und hat meine Nachricht gesehen. Und schon ist sie in ihrem Porsche auf dem Weg, um mich zu holen.

Als sie mich umarmt, fange ich an zu heulen. Kann nicht mehr aufhören zu heulen. Sie bringt mich in ihre kleine Wohnung, gibt mir Kamillentee und baut mir im Wohnzimmer ein Nest zum Schlafen. Bis zum frühen Morgen sehe ich mir verwundert dabei zu, wie ich weiter zittere und heule und beides nicht abstellen kann.

Lille kocht Porridge für mich, füttert mich damit wie ein Baby, ist ruhig und präsent, meine Retterin, meine Heldin.

Sie lacht. Wieso soll ich deine Heldin sein?

Abermals fährt sie mich zum Flughafen. Man hat mich umgebucht in die Mittagsmaschine nach Frankfurt. Inmitten einer Horde von Unwissenden, die sich beneidenswerterweise keinerlei Risikos bewusst sind, betrete ich das Flugzeug. Mir ist übel vor Angst. Der Mann, der neben mir Platz nimmt, war am Vorabend in derselben Maschine, er saß gegenüber am Fenster, zwei Stunden lang blickte er direkt in den lodernden Feuerball. Gemeinsam zucken wir nun bei jedem Löffel, der zu Boden fällt, zusammen, bei jeder kleinen Turbulenz schrecken wir aus unruhigem Halbschlaf und halten die Luft an. Ich muss mich zwingen, nicht nach seiner Hand zu greifen, meinen Kopf nicht an seine Schulter zu legen, ihm nicht um den Hals zu fallen, als wir nach zwölf Stunden in Frankfurt landen.

Er atmet tief aus: *We made it,* sagt er, *we made it,* und schüttelt mir lange die Hand, als hätten wir etwas Enormes geleistet und müssten uns gegenseitig gratulieren.

Ich stolpere durch den Frankfurter Flughafen, mein Körper fühlt sich an wie nach einer schweren Prügelei, er schlingert seltsam, ich kann ihn nicht in der Balance halten und remple andere Menschen an, die mich missbilligend anschauen, als sei ich betrunken. Am Umsteigegate nach München kommt eine Schwarze Security-Frau auf mich zu und informiert mich freundlich, aber streng, dass ich meinen Rollkoffer einchecken muss. Und ehe ich mich versehe, brülle ich sie aus vollem Hals an, dass ich auf gar keinen Fall meinen Koffer einchecken werde, ich sei gerade haarscharf einem Flugzeugabsturz entgangen, überhaupt nichts werde ich machen, gar nichts! Erschrocken weicht sie zurück und geht. Ich schäme mich. Frage mich, ob ich sie auch so angeblökt hätte, wenn sie meine Hautfarbe hätte. Ein wenig Stress, Angst oder meinetwegen auch eine gehörige Portion von beidem, und schon denke ich mein Privileg nicht mehr mit, gehe nicht hinter ihr her, entschuldige mich nicht. Bleibe sitzen wie ein Stein.

In München angekommen, fahre ich mit dem Bus in die Stadt, steige am Nordfriedhof aus. An der Haltestelle ragen über die Friedhofsmauer die grünen Bronzeflügel eines Engels. Hier liegt mein erster Mann begraben. Er wurde in Murcia, Spanien, verbrannt. Ich saß mit der Urne mit seiner Asche im Arm auf einem Sofa in einer Hotellobby und versuchte vergeblich, aber immer wieder von Neuem, die Veränderung von einem Menschen in ein Häufchen Asche zu begreifen.

Die Sonne scheint. Ein strahlender Herbsttag. Niemand ist zu Hause, um mich zu begrüßen. Ich esse eine Brezn. Lege mich unter einen Baum im Englischen Garten. Die Blätter winken mir zu. Auf sehr flüchtige, aber kristallklare Weise fühle ich mich mit einem Mal mit der Brezn, der Linde über mir und allen anderen Menschen im Park verbunden. Ein fast erleuchteter Moment. Die Heldin wird erleuchtet, nachdem sie eine große Krise überstanden hat. Nein. Ich habe keinen Kampf geführt, nicht dem Drachen ins Auge gesehen, sondern er nur mir. Ich bin keine Heldin, ich bin nur gereist. Ohne Not, ohne dringenden Anlass. Ich bin nicht ausgezogen, um das Fürchten zu lernen. Dies ist keine runde *story*. Sie bietet keine Erkenntnis, keinen Erfolg, keinen abgeschlagenen Drachenkopf.

Nachts kann ich nicht schlafen, immer noch klopft mein Herz zu schnell, es hat noch nicht begriffen, dass alles wieder gut ist. Ich werfe die Geschichtenmaschine, den Fernseher, an und sehe einen Dokumentarfilm über zwei Schlangenfänger in Bangkok, einen Meister und seinen Lehrling. Sie betreten ein kleines Haus, ein Ehepaar hat sie gerufen. Der junge Lehrling zittert vor Angst. Der Alte, der Profi, zieht beherzt eine riesige Python unter dem Bett des panischen Ehepaars hervor. Die Schlange hat bereits die Katze im Haus erwürgt. Der Lehrling soll die Python in einen Sack bugsieren, aber er hat zu viel Angst.

Du schaffst es, du schaffst es, ruft der Alte.

Die Schlange windet und wehrt sich, aber schließlich hat der Lehrling sie im Sack. Der Alte geht zu zwei jungen Kätzchen, die in einer Ecke hocken, verbeugt sich vor ihnen und sagt sehr ernst: *Your mother is dead.*

Zusammen bringen Meister und Lehrling die Python in den Wald. Der Lehrling entlässt sie aus dem Sack in die Freiheit. Eilig schlängelt sie davon, die beiden sehen ihr nach. Der Meister klopft dem Lehrling auf den Rücken. Deine erste Schlange, sagt er. Bravo.

Endlich schlafe ich ein. Im Traum vollbringe ich Heldinnentaten. Ich bin unterwegs, auf einer langen, weiten Reise in eine abenteuerliche Geschichte.

Dank

Danke an meine Freundinnen in München, San Francisco, Tokio und Kyoto, die ihr Leben und ihre Geschichten mit mir geteilt haben und hoffentlich weiterhin teilen werden. Danke an die Villa Kamogawa in Kyoto. Danke an meine wundervolle Lektorin Margaux de Weck, die mich ermuntert, antreibt und zärtlich kritisiert.